무선과 가족, 가족을 둘러싼 분투

북튜브 가족특강 02

루쉰과 가족, 가족을 둘러싼 분투

발행일 초판1쇄 2020년 9월 1일 | **지은이** 이희경
펴낸곳 북튜브 | **펴낸이** 김현경 | **편집인** 박순기 | **주소** 서울시 종로구 사직로8길 24 1221호(내수동, 경희궁의아침 2단지) | **전화** 02-739-9918 | **팩스** 070-4850-8883 | **이메일** booktube0901@gmail.com

ISBN 979-11-90351-25-6 04100   979-11-90351-23-2(세트)
이 도서의 국립중앙도서관 출판예정도서목록(CIP)은 서지정보유통지원시스템 홈페이지(http://seoji.nl.go.kr)와 국가자료종합목록 구축시스템(http://kolis-net.nl.go.kr)에서 이용하실 수 있습니다.(CIP제어번호: CIP2020035366)

Booktube 북튜브 책으로 만나는 인문학강의 세상
북튜브는 북드라망의 강의−책 브랜드입니다.

가족
특강

02

루쉰과 가족,

이희경 지음

가족을 둘러싼 분투

Booktube
북튜브

책머리에

1.

오랫동안 가족주의는 나의 적이었다. 딸의 대학 합격 통지서를 받아들자마자 없는 가훈을 급조해 "해 떨어지기 전에 귀가한다"라거나 "여자는 아버지와 남편 이외에는 술을 따르지 않는다" 따위의 규범을 강요했던 아버지를 미워했고, 가정주부로 살면서 '히스테리'가 나날이 늘어 가는 엄마를 싫어했다. '오이디푸스 콤플렉스' 같은 개념은 몰랐었지만 아주 일찍부터 난 오이디푸스적인 가족 삼각형으로부터 탈주하고 싶어했다. 그런데 어쩌다 보니 결혼을 하게 되었다. 그럼에도 난, 우리 세대는, 적어도 부모 세대처럼 살지 않을 수 있다고 생각했다. 성 역할이 고정되지 않은 평등한 부부, 부모 자식 간에도 대화와 토론이 가능한 민주적 가족을, 우리 세대는 만들 줄 알았다. 착각이었다. 나중에 이런 생각이 들었다. 왜 멍청하게 아무 의심도 없이 가족이라는 '제도' 속으로, 제 발로 뚜벅뚜벅 걸어 들어갔지?

훗날 인문학공동체에서 여러 후배들과 공부하게 되었을 때 나는 우리가 하는 공부의 급진성만큼, 니체의 『도덕의 계보학』이나 들뢰즈의 『안티 오이디푸스』를 마르고 닳도록 읽고 읽은 만큼, 후배들의 도래할 가족형태도 급진적일 거라 생각했다. 그들이라면 나와는 다르지 않을까? 그들이라면 결혼 제도 밖에서 가족주의에 대해 투쟁할 수 있지 않을까? 하지만 아니었다. 대부분의 후배들은 이성애 결혼 제도에 안착했다. 어느 날 우연히, 연구실 책상 위에 주르륵 놓여 있는 후배들의 노트북 바탕화면에서 각자 아이들의 사진을 발견했을 때, 나는 혼자 조용히 되뇌었다. "아, 가족주의는 정말 힘이 세구나!" 필립 아리에스의 말처럼 근대에 승리한 것은 가족이었다.

지금 몸담고 있는 〈문탁네트워크〉에서도 그랬다.

대부분의 회원이 중, 장년층이기 때문에 더욱 그랬을지도 모른다. 회원들이 엄마나 아빠 혹은 가장이나 주부의 정체성을 버리지 않는 한 공부를 통한 새로운 우정의 네트워크는 만들어지지 않을 것 같았다. 하여, 〈문탁네트워크〉 1년차 인문학축제의 주제는 "가족을 넘어 마을로!"였다. 10년이 지났다. 그리고 나는 여전히 갈 길이 멀다고 느낀다.

2.

그럼에도 불구하고 중산층을 조금만 벗어나 생각해 보면 사정이 달라진 것 같다. 혹시 가족주의는 이미 도처에서 삐거덕대고 있는 것은 아닐까? 불륜과 이혼을 그린 숱한 드라마나 영화의 흥행 성공이, 대부분의 청년이 겪는 취업과 연애의 난관이, 한편에서의 페미니즘 리부트와 다른 한편에서의 백래시가 그걸 보여 주고 있는 것은 아닐까? 특히 지난 몇 년간 청년들과 일을 하면서 나는 세상이 바뀌었다는 것을, 청년들이 살아가고 있는 사회는 우리 세대가 청년시절에 경험했던 사회와 질적으로 다른 것이라는 점을 깊이 깨닫게 되었다. 그러면서 결혼은커녕 연애조차 하기 힘든 조건에 처해 있는 청년들에게 핵가족 이데올로기를 비판하는 게 딱히 유효할까, 라는 자문을 하기에 이르렀다. 아, 물론 가족주의는 욕망의 배치와 관련된 문제이기 때문에 꼭 이성애 핵가족에서만 작동하는 것은 아니다. 그럼에도 불구하고 가족에 대한 새로운 질문, 새로운 접근, 새로운 담론이 필요하다는 생각을 떨칠 수가 없었다.

하여 청년들을 대상으로 가족강좌가 열린다는 소식이 반가웠다. 나에게 맡겨진 주제는 '루쉰과 가족'. 그런데 지금 정세에 19세기 말 루쉰 이야기가 그렇게 흥미가 있을까? 다행히 내가 맡은 것은 전체 강좌 중 첫번째 강의. 그렇다면 루쉰 이야기가 아니라 전체 강좌의 인트로 성격의 이야기를 해도 좋겠다고 생각했다. 근대 핵가족의 성립 과정을 짚되 그런 핵가족은 지금 빠르게 몰락 중이라는 이야기를 하고, 오히려 이제 우리가 고민해야 할 것은 포스트 핵가족시대의 관계방식이라는 이야기를 하고 싶었다. 흔히 3포라고 이야기하는 취업과 연애와 결혼의 난관이 위기가 아니라 기회일 수도 있다는 이야기를 건네고 싶었다. 루쉰 이야기는? 쥐꼬리만큼 했다. 시간이 부족했기 때문이다. 그럼에도 불구하고 강의는 현장에서 강사와 수강생이 얼마나 소통하느냐가 관건이기 때문에, 큰 문제가 없었다.

그런데 이걸 책으로 낸다는 소식이 들려왔다. 오, 마이, 갓! 당황스러웠다.

3.

가족이 그러하듯 책 역시 어떤 고정된 형태와 역할은 없다. 책의 근대적 배치도 어쩌면 끝나 가는지 모른다. 책은 더 이상 단독 저자 고유의 지적, 언어적 생산물이 아닐지도 모른다. 이렇게 생각해 오긴 했지만 막상 이런 렉처-북을 낸다고 하니 이것은 책의 미래적 운명 속에서 어디쯤 위치하게 되는 것인지 가늠이 되지 않았다. 이 렉처-북은 렉처(lecture)인가? 북(book)인가? 말인가? 글인가?

하지만 좀 더 솔직히 말하자. 실제 나의 당황스러움은 이런 고차원적인 문제로부터 온 게 아니다. 그냥 두 시간 남짓 현장에서 즐겁게 말한 내용이 활자화되어 2차원적으로 펼쳐지자 확, 얼굴이 달아올랐던 것이다. 강의는 강사가 전달하는 내용뿐 아니라 강사의 표정, 말투, 심지어 강의실의 간식과 수강생들의 리액션까지 어우러지면서 어떤 현장성을 형성한다. 그리고 현장에서는 이야기가 딴 길로 새기도 하고 어떤 이야기가 즉흥적으로 첨가되기도 하고 또 어떤 논의들은 계획과 달리 압축되거나 생략되기도 한다. 하지만 이런 우연성은 강의 현장에서는 단점이 아니라 강점으로 작용할 때가 더 많다. 하지만 말이 활자화되자 이런 즉흥성은 맥락이 툭툭 끊기고 중언부언하고 어수선하고 두서가 없는 것으로 드러났다. 글의 생명력은 촘촘함인데 부족해도 한참 부족해 보였다. 어쩌지?

출판사의 기획의도를 물었다. 렉처-북의 특징은 현장성이라는 답이 왔다. 영화처럼 후반 작업을 너무 많이 하지 말라는 뜻일 게다. 하지만 후반 작업을 아주 하지 않을 수도 없었다. 제목이 '루쉰과 가족'이니만큼 강의

때 시간 부족으로 생략한 내용들을 채워 넣었다. 그러다 보니 순서도 약간 바뀌었다. 결론 부분도 약간 수정, 보완했다. 서지적 사항도 보충했다. 하지만 여전히 어설프다. 하지만 혹시 알겠는가? 그게 이 렉처-북의 새로운 매력이 될지…. 또 알겠는가? 이 가족 렉처-북의 출간으로 각자의 현장에서 가족에 대한 논의가 새로 불붙게 될지. 그 어떤 것도 좋다. 박순기 편집자에게 깊은 감사를 표한다.

차례

책머리에 5

가족이란 무엇인가?

루쉰 1부

Intro. 가족에 대한 몇 가지 고정관념

안녕하세요. 오늘은 주로 '가족'이라는 주제를, 중국에서 근대의 문제를 고민했던 루쉰이라는 인물과 함께 살펴보려고 합니다. 우리는 쉽게 '가족'이라는 말을 합니다. 그런데, '가족'이 도대체 뭐죠? '가족'을 다룬다는 것은 '가족'의 무엇을 다룬다는 것일까요? 사실 우리가 '가족'에 대해서 떠올릴 때, 그 세부 주제라고 할까요, 관련된 쟁점이라고 할까요. 이런 것들이 너무 방대합니다. 사람마다 다 떠올리는 것이 다르다는 말인데요. '가족 관련 연관 검색어', 이런 걸 한번 뽑으면서 생각해 볼까요? 어떤 게 있을까요?

'짐'이라고 말씀하시네요. 우리가 흔히 '돌봄노동'이라고 이야기하는데요. 이런 가족의 돌봄노동 기능을 수행하는 사람들(이런 기능은 특정한 성별이 수행하고 있죠), 혹은 가족관계에 안에서 특정한 역할을 담당하는 사람들에게는 '가족'이 얼마나 '짐'이 되는가, 이런 문제를 함축하고 있는 키워드겠네요. 또, 어떤 검색어가 있을까요? '보금자리'! 아주 위험한(!) 발언입니다.(^^)

이건 주로 중년 남성들이 가족에 대해서 떠올리는 이미지죠. 왜냐하면 그걸 원하는데 현실적으로는 충족이 안 되니까. 대부분의 남자들에게, 특히 중년 남성들에게 가족은 이런 이미지로 작동합니다. '가족은 보금자리'라는 것이 이데올로기이기도 하고, 판타지이기도 한데, 사실 단순히 '이데올로기다, 판타지다'라고 치부해 버리기에는 그렇게 간단한 문제가 아니에요. 실제로 가족이 담당했던 정서적 관계와 같은 매우 중요한 역할을 이 '보금자리'라는 키워드가 담고 있기 때문이죠. 물론 인생은 결국 혼자 사는 것이지만, 누구나 다 마음의 거처가 있어야 된단 말이에요. 그럴 때 근대에 들어서서 가장 일반적인 마음의 거처, 정서적 연대를 이루는 관계망이 가족이란 것이죠. 그런데 한편, 이 '보금자리'의 이미지가 새삼 환기된다는 건, 오히려 지금, 가족이 보금자리로 그렇게 잘 작동하지 않는다는 것을 보여 주는 거예요. 특히 중년 남성들에게 그렇죠. 지금 가족의 위기는 다른 말로 하면 중년 남성의 위기인 겁니다.

이렇게 '가족'이라는 개념에 대해 각자 가지고 있는 관념들이 있을 텐데요. 이것 자체가 가족이 부모-자식-형제 같은 혈연관계를 지칭하는 용어가 아니라 특정 시대에 특정한 역할을 부여받은 사회적 제도라는 것을 뜻해요. 그리고 지금은 가족과 관계해서 '돌봄'이나 '정서관계' 같은 가족의 역할이 쟁점이 되고 있다는 이야기예요. 그건 어떤 의미에서 지금 가족 형태가 수명을 다해 가고 있다는 이야기이기도 해요.

그러니까 가족은 특정 형태로 고정된 적이 없어요. 가족의 황금시대 같은 것도 없고요. 가족은 철저히 역사적·사회적 단위입니다. 지금 우리가 흔히 '가족'이라고 말하는 것은 '근대의 가족'입니다. 서양에서 만들어진 지는 한 200~300년쯤 됐고, 우리나라나 동아시아에는 19세기 후반에 수입된 '근대 핵가족'을 일컫는 것이죠.

'가'(家) 혹은 '파밀리아'(familia)

이번 강의에서 말하고자 하는 '가족'도 근대 핵가족입니다. '가족'에 대해 터놓고 말해 보자, 혹은 '가족'에 대해 질문 좀 해보자, 이런 문제의식에서 〈감이당〉에서 여섯 개의 강의를 기획했는데, 이런 기획이 의미가 있다는 것은 지금 '가족'이 위기에 놓여 있다는 뜻이기도 하죠. 그런데 제가 말은 루쉰은 이 근대 가족에 대해 질문한 사람이라기보다는 어떤 점에서는 근대 가족을 열망한 사람이기도 해요. 그가 문제 삼았던 것은 근대 가족이라기보다 전근대 가족, 전통 가족이었으니까요. 그래서 근대 가족을 이야기하기 전에 전근대 사회의 가족에 대해 먼저 살펴볼 필요가 있어요.

동아시아부터 보죠. 동아시아 한자 문명권에서의 '가'(家)는 핵가족이라기보다는 가문(家門) 같은 것이에요. 공자님 이야기까지 거슬러 올라가긴 하지만 이 얘기를 조금만 더 해봅시다.

공자님은 주(周)나라를 이상으로 삼고 항상 그리워하셨는데, 이 주나라 사람들은 자신들이 천명을 받아 은나라를 무너뜨리고 새 나라를 건설했다고 이야기합니다. 천명을 받아서 천하를 통치할 권한이 있는 사람을 천(天)의 아들이라고 해서 '천자'(天子)라고 했어요. 주나라는 이 천자를 중심으로 '봉건'(封建)이라고 하는 정치적 틀을 만들었는데, 이 '봉'(封)이라고 하는 글자의 뜻

주 문왕의 아들이자 무왕의 동생 주공. 어린 조카 성왕의 제위를 찬
탈하려 한다는 오해를 받으면서도 끝까지 충심을 지키면서 주나라
의 기틀을 세운 인물로 평가받는다. 주공에게 봉해진 제후국이 노나
라로, 500년 후에 공자가 노나라에서 태어났다. 공자는 평생 주공을
흠모하여, 노나라로 이어져 온 주나라 전통을 되살리기 위해 힘썼다.

이 땅을 나눠 주는 거잖아요. 누구에게? 천자의 동생들. 주나라 무왕의 동생이었던 주공(周公) 같은 사람들. 우리로 이야기하면, 문종의 아들 단종은 세종의 직계고, 세조는 문종의 동생으로 방계잖아요. 세조 같은 사람들한테 땅을 떼어 준 거죠. 땅을 받은 사람들이 제후(諸侯)예요. 천자가 상징적 중심이고, 그 아래 제후국이 있는 거죠. 우리가 아는 유명한 나라들로 예를 들면, 제나라, 진나라, 연나라…, 이런 나라들을 제후국이라고 하죠. 자, 그럼 제후국도 마찬가지예요. 직계가 있고 방계, 동생들이 있어요. 동생들한테는 뭘 해줘요? 또 땅을 떼어 주죠. 제후에게 땅을 받은 사람들이 대부(大夫). 대부 밑이 '사'(士). '사'와 '대부'를 합쳐서 '사대부', 이렇게 부르죠. 천자가 다스리는 나라는 '천하', 제후가 다스리는 나라는 '국'(國)이라고 불렀어요. 제후는 천자의 신하이면서 제후국의 왕 같은 역할을 하는 것이죠. 대부도 마찬가지예요. 그런 대부가 다스리는 나라를 뭐라고 불러요? '가'(家)예요.

천자가 다스리는 나라는 '만승(萬乘)의 나라'라고 불렀어요. 만승은 '만 개의 수레'라는 뜻이에요. 수레는

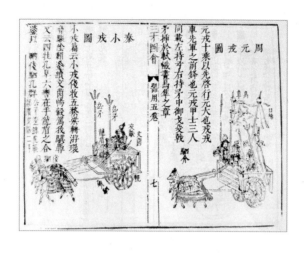

고대에는 네 마리의 말이 끄는 병거(兵車)를 승(乘)이라고 불렀다. 그림의 오른쪽은 주(周)나라의 병거, 왼쪽은 진(秦)나라의 병거이다.

말 네 마리가 끌고 가죠. 예전에는 지금처럼 영토가 몇 헥타르 이런 것이 아니라 수레로 나라의 규모를 나타냈습니다. 천자의 나라는 만승이에요. 제후국은 '천승지국'(千乘之國) 이렇게 불러요. 대부가 다스리는 건 '백승지가'(百乘之家). 자, 여기서 퀴즈 하나. 중국 천자의 입장에서 조선 같은 나라는 '국'이었을까요, '가'였을까요? 네, 백승지'가'. 조선은 그 정도 사이즈예요. 자, 어쨌거나 동아시아의 '가'는 이렇게 핵가족 비슷한 게 아니라 오히려 국가 비슷한 정치 공동체를 의미합니다.

서양 쪽도 살펴봐야겠죠. 영어 '패밀리'(family)의 어원이 되는 라틴어가 '파밀리아'(familia)입니다. '파밀리아'의 뜻에 대해선 여러 설이 있는데, '파물루스'(famulus), 즉 하인, 노예를 뜻하는 라틴어에서 왔다고도 이야기합니다. 동양고전인 『소학』을 보면, 굉장히 중요한 내용 중 하나가 안주인이 가솔들을 어떻게 다스릴 것인가예요. 그리고 가솔 중 상당수는 노비들이죠. 우리가 노예라고 이야기하는 가노(家奴)들. 사실 가정을 운영한다라고 하는 차원에서 보면 실질적인 운영 주체는 이 사람들이에요. 그러니까 이 가노들을 어떻게 다스

"

가족은 특정 형태로 고정된 적이 없
어요. 가족의 황금시대 같은 것도 없
고요. 가족은 철저히 역사적·사회
적 단위입니다. 지금 우리가 흔히 '가
족'이라고 말하는 것은 '근대의 가족'
입니다. 서양에서 만들어진 지는 한
200~300년쯤 됐고, 우리나라나 동아
시아에는 19세기 후반에 수입된 '근대
핵가족'을 일컫는 것이죠.

릴 것인가, 다시 말해 누구에게 부엌을 맡기고 누구에게 창고를 맡기고 누구에게 농지나 전원을 맡길 것인가 등이 굉장히 중요하죠. 전체 수입을 예상하고 지출을 조절하면서 먹고사는 문제를 해결하고 동시에 분란이 일어나지 않도록 어떤 질서를 유지해 나가는 것이 집안일이고, 이 집안일의 수행 주체였던 하인들로부터 '패밀리'라는 말이 온 겁니다.

제가 말씀드리려고 하는 것은, 서양에서도 '패밀리'는 혈연이 중심인 관계가 아니었다는 거예요. 어원으로 볼 때, 서양에서도 '패밀리'는 어떤 형태로든 정치적이고 경제적 단위를 일컫는 말이었다는 것이죠. 동아시아의 '가'(家)에 나타나는 흔적도 혈통적-핏줄중심적이라기보다는 경제적이고 정치적인 단위였다는 것이잖아요. 그리고 그것은 사람들 각자에게는 일종의 사회적 안전망으로 작동합니다. 인류학에서도 나오는 이야기인데, 전근대 사회에서는 홍수나 가뭄 같은 자연재해 때문에 어떤 단위가 통째로 굶주릴 수는 있어도, 개인이 굶주리는 건 있을 수가 없대요. 남편이 죽거나 아이가 조실부모하거나 하면, 어쨌든 그 집안에서 다 먹여

살렸잖아요. 사회적 관계망 자체가 지금하고 달랐던 거죠. 그러다 보니 사람들은 '개인'으로 존재하기보다는 '가'(家)의 일부로 존재하게 되고요. 이름보다는 성(姓)과 가문이 더 중요하죠. 함안댁이라거나, 경주이씨 8대 종손이라거나, 샤를르 드골(골 지방의 샤를르)이라거나, 그게 전근대 사람들의 정체성이죠. 그런데 근대에 와서는 핵가족이 그런 먹고사는 문제를 주로 담당하게 된 것이죠. '가족'이라고 하면 우리는 보금자리나 정서적 관계를 많이 떠올리긴 하지만, 실제로 근대 핵가족도 경제적 단위로서 작동하거나 기능합니다. 우리가 주변에서 흔히 보듯, 정서적으로 이미 끝난 관계가 이혼을 못하는 이유는, 제도적으로 경제 단위가 가족으로 바뀌어 있기 때문이에요. 경제 단위가 파탄이 나면 요즘은 바로 나락이니까, 그래서 쉽게 이혼을 못하는 거죠.

근대 핵가족의 탄생

지금 우리에게 익숙한 핵가족은 우리나라의 경우 전근

대 사회에서 근대로 넘어오는 19세기 말에 처음 담론의 형태로 출현했어요. 미국 유학파이자 친일파였던 서재필, 윤치호 등이 만든 최초의 한글신문 『독립신문』에는 소위 '문명'에 대한 비전이 가득한데요. 다시 말해 일본의 메이지 유신 같은 걸 우리도 해야 된다고, 그래야 우리나라가 산다고 생각했던 거죠. 그런 『독립신문』에 가족에 대한 이야기가 엄청 많아요. 조선이 망한 이유, 조선이 고쳐야 하는 것, 요즘 말로 하면 대표적인 '적폐'가 조혼(早婚), 축첩(蓄妾) 같은 거예요. 조혼을 하면 젊은 이들의 의지와 기백이 약해진다는 둥, 골격이 자라기도 전에 혼인을 해서 애를 낳으니 애들이 튼튼하지 못하게 된다는 둥, 결국은 씨가 마르게 된다는 둥, 그런 이야기가 많아요. 일종의 위생담론, 인종담론이죠. 축첩도 비판하는데 축첩을 하면 가족이 화목해지지 못하고 가족이 화목해지지 못하면 국가가 부강해질 수 없다, 뭐 그런 논리를 폅니다.

이런 애국계몽기 가족담론을 거쳐 1920년대에 이르면, 동학에서 만든 『개벽』이라든가 『신여성』 같은 잡지를 통한 가족담론이 아주 뜨거워집니다. 우선 『개벽』

"

서양에서도 '패밀리'는 혈연이 중심인 관계가 아니었다는 거예요. 어원으로 볼 때, 서양에서도 '패밀리'는 어떤 형태로든 정치적이고 경제적 단위를 일컫는 말이었다는 것이죠. 동아시아의 '가'(家)에 나타나는 흔적도 혈통적-핏줄중심적이라기보다는 경제적이고 정치적인 단위였다는 것이잖아요.

에서는 개인을 엄청 강조해요. 동학 사상에서 말하는 '인내천'(人乃天)도 사실 사람 한 명 한 명이 하늘이라는 이야기잖아요?

그러니까 조혼과 축첩을 가능하게 하는 것도 결혼이 가문의 결합이기 때문이고 가문이란 철저히 남성중심의 혈통사회이기 때문인 거죠. 그걸 가능하게 하는 것은 소위 "공자왈 맹자왈"이라고 하는 사서삼경을 통해 획득한 유교이데올로기고요. 그런데 그런 공자의 제국, 위대한 공자의 제국들이 19세기 말쯤에 서양 문명 앞에 속수무책으로 당하게 된 거죠. 나라의 운명이 풍전등화가 되었고요. 물론 중국은 끝까지 버텼어요. 서태후는 아편전쟁으로 난징 떼 주고 홍콩 떼 줘도 괜찮다고 생각했다네요. 중국이 워낙 넓으니까 그 정도로는 절대 망할 거라 생각하지 않았어요. 청일전쟁이 일어나기 전까지는 그렇게 생각했죠. 우리나라도 그랬어요. 문명의 전환기에 청년들이 생각하게 되죠. 어쩌다가 이 지경이 되었을까? 아, 우리는 공자왈 맹자왈, 음풍농월을 하느라 정작 중요한 것을 배우지 못했구나. '사이언스'가 없었구나. 그걸 배우기 위해서는 신학문을 가르치는 근대 학

난징조약(1842년)의 체결 장면을 그린 그림. 청나라가 아편전쟁에서
영국에 패배하고 맺은 이 조약으로 홍콩이 영국에 할양되었다. 홍콩
은 155년간 영국의 통치하에 있다가 1997년 중국에 반환된다.

교가 필요하구나. 또 한편 가문 중심의 사회는 사람들을 의존적으로 만드는구나. 이건 『독립신문』에 정말 많이 나오는데요, 전근대 사회는 소위 무임승차자가 너무 많아서 사회의 활력이 떨어진다는 식으로 말하죠. 한 개인이 정신적으로 경제적으로 자립 혹은 독립해야 하고 그 사람들이 '데모크라시'를 통해 근대 국가를 만들어야 하는 거죠. 그래서 '사이언스'와 '데모크라시'는 이 시대 신청년들의 새로운 이데올로기가 됩니다.

그러다가 1920년대가 오면 『신여성』 같은 잡지에서 바로 그런 개성을 가진 한 명 한 명이 자유연애를 통해 결혼을 해서 가족을 이루는 것이 근대고 문명이라는 이야기가 넘치게 됩니다. 바야흐로 '연애의 시대'가 도래한 거예요.

이후 가족담론은 1930년대에 이르러 약간 보수화되고 1960년대에 이르면 국가가 가족담론을 주도하고 가족정책도 제도적으로 완성이 됩니다. 대표적인 것이 1960년대의 가족계획이죠. 지금의 핵가족은 엄마-아빠-아이 3인이 표준이죠. 『신여성』 때는 5~6명 정도가 표준가족으로 제시됩니다. 그러다가 1960년대 가족계획 할 때는 처음에는 '둘만 낳아 잘 기르자' 하다가 나중엔 '둘도 많다'로 바뀌었죠. 어쨌든 근대화·경제성장을 통해서 이렇게 담론 차원에서도 '핵가족'이 완성되고, '스위트 홈'이 만들어질 수 있는 물적 토대도 생겼어요. 핵가족은 이렇게 완성된 겁니다.

루쉰, 아이를 구하라

魯迅 2부

효에 대하여

루쉰(魯迅, 1881~1936)은 전근대 사회가 속절없이 무너지는 그 문명의 전환기에 살았던 사람이에요. 그런데 루쉰은 그런 문명의 몰락을 자기 집안의 몰락을 통해 경험해요. 무슨 말이냐 하면, 루쉰은 상당히 뼈대 있는 집안의 종손이었기 때문에 전통사회가 계속 유지되었더라면 그냥 사서삼경 공부하고 과거시험 보고 관료가 되고…, 그렇게 살았을지도 몰라요. 그런데 루쉰이 태어나고 얼마 지나지 않아 집안이 급속도로 몰락하거든요. 할아버지가 요즘 말로 하면 입시부정에 연루되어 투옥되었기 때문이죠. 그런데 아버지는 또 아파요. 그래서 루쉰은 아주 어린 나이부터 가문의 덕을 보기보다는 오히려 그 가문의 생존을 어깨에 짊어지고 가장 노릇을 해야 했어요. 원하든 원하지 않든 효자가 되어야 했던 거죠.

그런데 효도와 관련하여 루쉰은 어릴 때 원체험 같은 게 있어요. 루쉰은 그림책을 참 좋아했는데요. 어릴 때 루쉰이 처음으로 읽은 그림책이 『이십사효도』라는 책이었어요. 역대의 효자들 이야기를 모아 놓은 책인데,

그 책이 손에 들어와 너무 기뻐서 그 책을 읽었는데 읽고 나서 화들짝 놀랐던 것 같아요. 아니 공포를 느꼈던 것도 같아요. 어머니가 잉어를 원한다고 한겨울에 살얼음 낀 강에서 잉어를 잡아야 하는 일은 사실 목숨을 걸어야 하는 거잖아요? 무엇보다 거기에는 「곽거매아」(郭巨埋兒)라는 이야기가 있는데 곽거라는 사람이 부모 봉양에 방해될까 봐 자식을 땅에 묻으려고 했다는 에피소드죠. 할머니가 자꾸 자기 밥을 손주에게 덜어 주니까, 그걸 본 아이의 아버지가 자식의 입을 덜어 어머니께 음식을 넉넉히 드리려고 했다는 겁니다. 어쨌든 그 그림책을 통해서 효도는 어려울 뿐만 아니라 무서운 것, 더 나아가서 나쁜 게 아닐까라는 생각이 들었던 것 같아요.

그런데 루쉰은 아니어도 저도 제 경험을 통해 요즘 '효'라는 것에 대해 생각을 많이 하게 되더라고요. 제가 어머니하고 같이 산 지 4년 됐거든요. 그런데 저는 매일매일 죽을 것 같아요. 어머니랑 사는 게 너무 힘들어서요. 그러다 보니 옛날 사람들도 효가 너무 힘드니까, 그냥 자연스럽게 되는 건 아니니까 효를 강조한 게 아닐까, 라는 생각이 들더라고요. 효도는 맹자가 이야기하는 대로 선한 인간의 본성에서 나오는 그런 자연스러운 감정이 아닐 수 있어요. 그러니까 맹자가 우리한테 뻥치고 있는 건지도 몰라요.

역사적으로 보면 전통사회 가족윤리를 지탱한 담론이 '효'인데, 사서삼경이나 『효경』 같은 텍스트에 많이 나오죠. 공자님이 그 담론의 창시자이고요. 근데 공자는 왜 효에 대해서 그렇게 많은 말을 했을까요?

아까 제가 봉건제 이야기를 했잖아요? 천자-제후-대부로 이어지는 정치적 질서. 이게 처음에는 잘 됐겠죠, 아름다운 질서였을 거예요. 그런데 시간이 조금 지나니까 아들이 아버지 죽이고 신하가 왕 죽이고 하는 일이 수두룩하게 일어나죠. 『사기』(史記)엔 처음부터 끝까지 그런 이야기예요. 그런데 그 일을 지금의 감각대로 존속살인이라거나 패륜으로 보는 건 좀 문제가 있어요. 자식이 아비를 쳐도 일종의 정치적 반란이나 도전처럼 보는 게 더 맞을 거예요. 어쨌든 공자가 활동했던 춘추시대란 이렇게 봉건적 질서가 무너진 난세였던 거죠. 공자는 이 난세를 바로잡는 정치란 '정'(正)을 통해 가능하다고 봤어요. 그 핵심이 바로 "군군신신부부자자"(君君

臣臣父父子子)예요. "아버지는 아버지답고, 자식은 자식답고…." 이게 여자들이 세상에서 제일 싫어하는 거고, 이것 때문에 모든 자식들이 미치려고 하는 거죠. 그런데 지금과 달리 당시에는 그게 매우 개혁적이고 급진적 담론이었을 가능성이 있어요. 효가 아주 신박한 이야기였을지도 모른다는 거죠. 그런데 시간이 지나면서 이게 아주 딱딱하게 굳어져 버렸겠죠. 배병삼 선생님이 쓰신 『우리에게 유교란 무엇인가』를 보면 이런 이야기가 나와요. "2,500년 전, 춘추전국시대에 태어난 유교 역시 꿈을 품은 젊은 시절이 있었고, 호기롭게 천하를 제어하던 장년의 세월도 있었다. 그리고 '예교가 사람을 잡아먹는다'(루쉰)라는 비난을 들을 만큼 광기에 사로잡힌 노년도 있었다"라는요. 루쉰의 시대는 유교가 광기에 사로잡힌 노년에 접어든 시대인 거죠.

어쨌든 루쉰은 이런 원체험을 통해 효가 아이를 희생시키는 담론이라고 생각했던 것 같아요. 이게 나중에 「광인일기」(狂人日記)의 유명한 구절, "아이를 구하라!"로 나오는 거죠. 그런데 루쉰한테는 가족이나 효가 단순히 어린 시절의 부정적인 원체험으로만 존재하는 것은 아니에요. 아까 말씀드린 것처럼 루쉰의 할아버지가 입시부정으로 투옥되고 약간 심약했던 아버지는 병석에 눕고 그러니까 돈 버는 사람은 아무도 없는데 돈 쓸 데는 많은 집안에서 루쉰이 장남 노릇을 해야 했던 거예요. 그런데 그게 루쉰이 불과 열셋, 열넷 정도의 일이죠.

어머니가 집안의 물건을 내주면 어머니 대신 전당 포에 가서 돈을 빌리고, 또 그 돈으로 유명하다는 의사를 초청해서 아버지를 보살피게 해요. 그런데 그 의사가 아주 희한한 약재를 주문하면 루쉰이 그걸 다 구해 와야 해요. 3년 서리 맞은 사탕수수 같은 건 평범한 축에 속하고요, 처음 교미한 귀뚜라미 한 쌍이라거나 '패고피환' 이라고 낡은 북 가죽으로 만든 약 같은 걸 구해야 했죠. 어린 루쉰은 진짜 엄청난 고생을 해요. 그런데도 결국 아버지가 돌아가시죠. 이런 경험 때문에 루쉰이 전통의학을 미신 비슷한 거라고 생각하게 된 것 같아요. 나중에 일본 유학 가서 의대에 가는 걸 보면 말이지요.

뿐만 아니라 집안의 어른들에 대해서도 이 시절 환멸을 느껴요. 몰락하는 집안사람들이 서로 돕기는커녕 뭐랄까 뒷담화를 한다고나 할까. 청소년 루쉰이 집안 물건을 훔쳐 팔아먹는다는 소문이 도는데 그 출처가 어릴 때부터 가까이 지내던 집안 할머니였거든요. 그리고 그 소문이 루쉰이 가출을 하게 된 결정적 계기가 돼요. 그러니까 루쉰은 자기 가문, 다시 말해 가족에 대해 어떤 좋은 감정도 가질 수 없었던 청소년기를 보낸 셈이죠.

아이를 구하라

좀 전에 언급한 대로 「광인일기」는 중국 최초의 근대소설이고 루쉰의 첫 소설이에요. 근데 이게 참 굉장해요. 형식적으로도 액자구조에 장르도 스릴러에 가까운데, 내용을 간단히 이야기하면, 1인칭 주인공인 '나'는 미쳤어요. 그래서 제목이 광인인 내가 쓴 일기라는 뜻의 '광인일기'가 되는 거예요. 그런데 여기서 미쳤다는 것은, 습속대로 살지 않고 습속에 대해 질문한다는 거예요. 근데 그 습속이 또 어떤 거냐 하면, 예를 들어 사람이 죽었는데 다른 사람들이 자식이나 남편의 병을 고치는데 쓴다면서 죽은 사람의 심장이나 간을 파 간다거나,

「광인일기」와 「약」이 수록된 『외침』(吶喊) 초판본. 루쉰의 첫번째 소설집으로, 표지 디자인은 루쉰이 직접 했다고 한다.

아니면 부모가 병이 들면 자신의 허벅지를 베어 삶아 드려야 한다거나, 전쟁 중에 자식을 바꿔 삶아 먹었다거나, 위정자에게 최고의 요리를 만들어 주려고 자기 자식을 식재료로 삼았다거나 하는 일 따위예요. 사실 맨 처음 이야기는 당시의 일반적인 풍속이었던 것 같아요.

그래서 이런 걸 다룬 「약」(藥)이라는 루쉰의 다른 소설도 있어요. 제가 개인적으로 좋아하는 작품인데 거기에는 어떤 혁명가가 참수를 당해요. 그리고 이건 또 추근(秋瑾)이라고 청나라 말의 젊은 여성 혁명가가 실제 모델이에요. 그런데 사람들은 그 혁명가가 죽은 이유 따위는 관심도 없어요. 그 사람이 말한 "청나라는 모든 사람의 것이다" 같은 것을 헛소리라고 생각하는 거죠. 그리고 모든 관심은 그 사람의 죽음으로 갖게 될 자기 이익이에요. 그 소설의 내용도 주인공이 폐병에 걸린 자기 자식을 살리기 위해 그 죽은 사람의 피를 얻어 오는 거였어요. 돈을 주고 사형장의 브로커를 통해 찐빵에 죽은 사람의 피를 잔뜩 묻혀 오죠. 어쨌든 그때는 그런 일이 비일비재했던 거예요.

두번째 이야기는 효도에 대한 대표적 표상이잖아

요? 무릇 효도라 하면 허벅지 정도는 베어야죠. 세번째, 네번째 이야기는 『사기』에 기록되어 있는 이야기죠. 그러니까 인의나 도덕을 높이 쳐들었지만 사실 중국은 '식인'(食人) 사회였다는 것이 루쉰의 인식이었어요. 그걸 솔직히 말하면 세상에서는 미친놈 취급을 당하는 거고요.

그런데 루쉰은 단순히 그걸 고발하는 데 그치지 않아요. 반전이 있어요. 이게 루쉰의 놀라운 점인데요, 소설 마지막에 이런 이야기가 나와요. 만약 중국이 사천년 동안 사람을 먹어 온 사회였다면 자기도 부지불식간에 사람을 먹지 않았을까, 라는 자탄을 하는 거죠. 자기만 전통 사회에서 쏙 빠져나오지 않아요. 자기도 그 일부라는 것을 루쉰은 뼈아프게 자각하죠. 그게 루쉰과 동시대의 다른 지식인을 구별시켜 주는 지점이기도 하고요. 그러면서 소설의 마지막 구절이 이런 거예요. "사람을 먹어 본 적 없는 아이가 혹 아직 있을까?"라면서 "아이를 구해야 할 텐데…"라고 글이 마무리되죠. 루쉰에게는 어쩌면 전통 가족에서, 효라는 억압적 담론에서 아이를 구하는 일이 평생의 과제였는지도 모르겠어요.

나도 사랑할 수 있을까?

전근대 사회에서 최대의 효도는 무엇이었을까요? 허벅지 베는 거요? 물론 부모님이 아프면 그렇게라도 해야죠. 그런데 보편적으로 가장 큰 효는 입신양명(立身揚名)이에요. 입신은 출세하고도 비슷한 말인데 세상 속에서 높은 자리에 자기를 앉히는 거예요. 그렇게 하면 양명, 이름을 날리게 되죠. 그런데 여기 날리는 이름은 개인의 이름이 아니고 가문이에요. 그렇게 계속 가문의 자제들이 출세하게 되면 그 가문은 명문가가 되는 거지요. 물론 그건 할아버지, 아버지, 아들, 손자로 이어지는 남자들의 가계이죠. 근데 루쉰네는 할아버지, 아버지 모두가 별로였어요. 루쉰은 이들 남성 중심 가문에 한 번도 아이덴티티를 느낀 적이 없어요. 오히려 어머니와의 관계가 남달랐던 것 같아요. 전 이게 어려운 시절을 함께했던 동지애 같은 거였다고 해석하는 편인데, 어쨌든 이 어머니와의 관계가 루쉰 인생에서 매우 중요해요.

루쉰이 고향 사오싱을 탈출하듯 떠나 난징에서 신식학교에 입학할 때도 루쉰 어머니는 너무 슬퍼하고 걱

정했지만 붙들지 않아요. 대신 8원을 손에 쥐여 주었다고 해요. 그리고 루쉰이 이렇게 써요. "하지만 어머니는 울었다." 전 두고두고 그 문장이 맘에 남는데 그 짧고 수식 없는 문장에 루쉰과 어머니 두 사람의 모든 감정이 다 들어 있는 것처럼 느껴지더라고요. 루쉰의 문장은, 정말 좋아요.

어쨌든 난징 신식학교에서도 실망하고 그러다가 또 어찌어찌 일본 유학생으로 뽑혀 도쿄에 가고 거기서 어학연수를 마친 후 센다이 의대에 진학했는데 그 유명한 '환등기 사건'으로 의대를 때려치우고 다시 도쿄로 와서 문화운동으로 방향을 바꾸죠. 그때가 1906년, 루쉰 나이 스물여섯이에요. 그리고 루쉰 인생에 드물게 파이팅이 넘쳤던 시기였는데, 그 시기가 너무 일찍 끝나요.

물론 의욕적으로 도모하던 잡지 발간이 엎어진 것도 그 한 이유였겠지만 그보다는 이때 고향에 불려가 갑자기 한 번도 본 적이 없는 여인과 혼인을 하거든요. 그 부인이 바로 전족을 하고 글을 못 읽는 주안(朱安)이에요. 그럼 도대체 자기가 그렇게 비판하던 결혼을 루쉰은 왜 하게 되었을까요? 첫번째는 어머니 때문이었을 겁니다. 앞에서도 이야기했지만 어머니와 루쉰 사이에는 동지의식, 의리 같은 게 있었으니까요. 어머니를 대놓고 거역하기 힘들었을 거예요. 두번째는 주안 때문이었을 거예요. 루쉰 자체는 신청년이지만 당대의 혼인은 여전히 가문과 가문의 결합이었어요. 그런데 이미 정혼한 여자를 내친다? 그럼 그 여자는 이미 사회적 죽음을 선고받은 거나 마찬가지예요. 자기가 원하지 않았다 하더라도 한 여자를 사회적 죽음으로 내몰 수는 없었던 거죠.

루쉰은 자기의 결혼에 대해 단 한 마디도 안 해요. 어떤 글에도 자신의 결혼에 대한 소회를 풀어놓은 게 없어요. 그런데 「고독자」나 「죽음을 슬퍼하며」 같은 소설 속에서 언뜻언뜻 당시 루쉰의 심정을 살펴볼 단서를 찾아볼 수 있어요. 물론 눈 밝은 사람한테만 보이지만….

어쨌든 루쉰은 6월에 결혼하고 9월에 다시 도쿄로 와요. 그때 동생 저우쭤런(周作人)을 데려오죠. 마치 아이를 구하듯 말이에요. 전 이런 생각을 많이 했어요. 루쉰의 청춘은 그때 끝난 게 아닐까? 그리고 루쉰은 자신의 다른 자아였던 동생에게 그 청춘을 다시 주려고 했던 게 아닐까, 라고. 실제로 동생은 일본에서 일본 여자와 자유

연애를 해요. 그야말로 낭만적 사랑과 결혼을 한 거죠.

그런데 루쉰에게도 사랑이 찾아와요. 그것도 마흔 다섯에요. 루쉰이 도쿄에서 공부를 접고 중국으로 돌아와서 집안을 책임지기 위해 취직을 해요. 그러다가 신해혁명을 맞고, 교육부 관리가 되어 베이징으로 갔는데, 거기서 어쩌다 보니 소설도 쓰고 명망도 얻고 대학교수도 되죠. 그때 베이징여자사범대학 제자 중 한 명인 쉬광핑(許廣平)과 연애를 하게 되는 거예요. 시작은 쉬광핑이 해요. 루쉰한테 편지를 보내죠. 물론 처음부터 연애편지는 아녜요. 학교와 세상의 온갖 부조리와 모순에 분노하면서 뭔가 바꿔야 하는데 도움을 달라, 뭐 이런 거예요. 거기에 루쉰이 답장을 하고 또 쉬광핑이 답장을 하고. 편지가 핑퐁처럼 왔다갔다 하면서 서로의 감정이 깊어지죠.

이 편지들이 나중에 『양지서』(兩地書, 국역본 제목은 『먼 곳에서 온 편지』)라는 책으로 묶여 나오기도 해요. 그런데 연애편지겠거니 하면서 접근하면 이 책 읽기 어려워요. 흔히 생각하는 오글거리는 멘트 거의 없고요. 오히려 정세분석이나 운동의 전략과 전술에 대한 이야기가 많아요. 물론 뒤로 갈수록, 즉 두 사람의 관계가 친밀

해지면서 개인적이고 아기자기한 이야기, 예를 들면 편지를 기다린다, 음식이 싱거우면 소금을 더 넣어서 먹어라, 바나나와 유자는 소화가 잘 안 되니 먹지 마라, 이런 이야기도 나오지만요.

제가 예전에 루쉰 기행을 하면서 샤먼에 간 적이 있는데 그때 샤먼대학의 작은 루쉰 박물관에서 "我可以愛"(나도 사랑할 수 있소)라는 글귀를 발견한 적이 있어요. 그때 뭔지 모르게 가슴이 쿵 하고 내려앉더라고요. 루쉰이 저 글을 쓰기까지 얼마나 많은 고민을 했을까, 라는 게 그 네 글자에서 바로 느껴지는 거예요. 그러니까 루쉰이 모종의 결심, 그래, 나도 사랑할 수 있다, 쉬광핑하고 연애하자, 라고 결심을 한 게 쉬광핑과 2년 동안 1백 통이 넘는 편지를 주고받은 후였어요. 오래 걸린 거죠. 루쉰은 그렇게 한때 자기를 죽이기도 하고, 또 어렵게 자기를 소생시키기도 하면서 마침내 근대적 사랑에 도달하게 됩니다. 그리고 평생 본처인 주안과 어머니를 보살핍니다. 주안은 시어머니와 평생 같이 살았고요. 그러니까 루쉰의 가족관계는 의리와 책무, 사랑과 동지의 관계들이 묘하게 공존하는 그런 거였어요.

루쉰과 쉬광핑이 주고받은 편지를 모아 엮은 『양지서』(왼쪽)와 루쉰
의 가족 사진(오른쪽).

루쉰과 가족 이야기를 하면서 빼놓을 수 없는 게 「노라는 떠난 후 어떻게 되었는가」라는 제목의 강의예요.

노라는 입센(Henrik Ibsen)의 유명한 희곡, 『인형의 집』의 여주인공이죠. 줄거리는 간단해요. 변호사인 남편을 둔 평범한 중산층 주부가 어느 날 자신이 새장에 갇힌 새처럼 가정이라는 새장에 갇혀 인형처럼 지낸다는 것을 깨닫고 자아실현을 선언하고 가정을 박차고 나서는 거죠.

이 이야기는 중국뿐 아니라 조선, 일본의 모든 젊은 청년들에게 엄청난 영향을 미쳤어요. 우리나라도 대표적인 신여성인 나혜석이 「인형의 집」이라는 시도 썼고요. 그런데 엄청 유치해요. 어쨌든 당대 동아시아 모든 신청년들과 신여성이 집을 나서는 노라를 응원하고 부러워하고 따라했는데 루쉰이 좀 다른 질문을 하죠. 그게 신여성들이 가득 찬 베이징여자고등사범학교에서의 강의였는데 그때 루쉰이 '노라는 집을 떠난 후 어떻게 되었을까'라는 질문을 한 거예요.

그러면서 루쉰은 노라에게는 두 가지 길밖에 없지 않았을까, 라면서 첫번째는 바로 돌아오는 것이고 두번째는 계속 걸을 수도 있겠지만 필경 굶어 죽는 거라고 이야기해요. 일본의 루쉰 학자 다케우치 요시미(竹內好)는 루쉰 정신을 한마디로 "도저한 현실주의"라고 했는데, 정말 맞는 이야기예요. 루쉰은 중국의 개혁에 대해 말할 때도, 전통 가족의 개혁에 대해 말할 때도 절대 판타지가 없어요. 아주 냉정하죠. 그렇다고 회의주의는 아니에요. 엄청난 실천력이 있거든요. 하지만 말 그대로 한 땀 한 땀 길을 내는 거지, "여기 길이 있다", "저리로 가자"라고 뻥치지는 않아요. 지식인 특유의 허세가 정말 1%도 없는 사람이죠.

그러면서 노라의 삶에서 고상한 꿈만큼이나 현실적인 경제력을 갖추는 게 필요하다고 말해요. 루쉰은 전통 가족, 가부장제, 여성의 전족, 여성의 정조, 이런 게 거대한 족쇄라고 생각했지만 그렇다고 근대 가족을 낭만적으로 미화하지도 않는 거지요. 여기에 루쉰 가족관의 독특함이 있다고 봅니다, 저는.

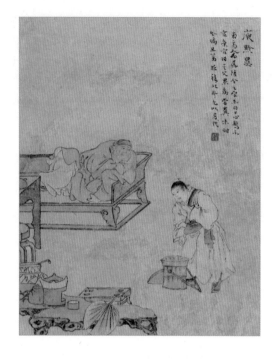

청나라 말기의 화가 임백년(任伯年)이 그린 『이십사효도』(二十四孝圖) 중 '상분우심'(嘗糞憂心, 변을 맛보며 부모의 건강을 근심하다), 남제(南齊) 시대의 유검루(庾黔婁)가 아버지의 변을 맛본 고사를 그린 그림이다. 『이십사효도』에는 이 밖에도 중국의 유명한 효자들의 이야기가 담겨 있는데, 루쉰은 『이십사효도』를 보고 "효자가 되려고 했던 과거의 어리석은 생각"이 여지없이 깨졌다고 말한다(루쉰, 「아침 꽃 저녁에 줍다」, 『루쉰전집 3권』, 그린비, 2011, 140쪽).

피터르 브뤼헐(Pieter Brueghel the Younger)의 「십이야」 중세의 가족의 모습을 그리고 있는 이 그림에서 아빠, 엄마, 자녀들로 구성된 가족을 구분해 내기는 쉽지 않다. 중세의 무정형적인 가족의 모습은 근대로 접어들면서 표준적인 핵가족의 모습으로 변해 가게 된다.

초창기 학교의 모습. 학교는 가족, 산업과 함께 근대 국가의 기초를
떠받치는 중요한 요소다.

1920년대 대표적인 여성잡지『신여성』에 '내가 본 원만한 가정'의 사
례로 수록된 시인 주요한의 가족 사진.『신여성』이 발행되던 당시 핵
가족의 가족구성원 수는 5~6명이 표준으로 여겨졌다.

찰스 바틀릿(Charles W. Bartlett)이 그린 「모성」(Motherhood, 1912). 한때는 자연스러운 것으로 여겨졌던 '모성'에 대한 관념 역시 시대의 변화에 따라 달라지고 있다. 한편으로는 극단적인 '무관심', '방기'로 사회면 뉴스에 등장하는가 하면, 다른 한편으로는 더 과도해진 '집착'과 '소비'의 형태로 다른 비극을 만들어 내기도 한다.

상류 부르주아의 생활을 주로 그렸던 주세페 토민즈(Giuseppe
Tominz)의 「피에트로 스타니슬라오 파리시와 그의 가족」(Pietro
Stanislao Parisi with family, 1849). 근대 이전에는 주로 귀족을 그린 그
림에서 나타나던, 부모와 아이들로 이루어진 핵가족 구성이 부유한
부르주아들이 출현하기 시작하면서 그들을 그린 그림에서도 빈번히
등장하기 시작한다.

1974년의 가족계획 포스터. "둘만 낳아 잘 기르자"라는 구호
는 이후 "둘도 많다"로 바뀐다.

출처 : Dennis Bratland(www.wikipedia.org)

미국 워싱턴주가 동성결혼을 합법화한 첫번째 날 시애틀 시청에서
혼인신고를 마치고 나오는 동성결혼 커플. 이성애를 기반으로 한 '핵
가족'의 신화는 이미 근저에서부터 흔들리고 있다.

핵가족의 성립과 붕괴

魯迅 3부

스위트 홈 — 판타지

루쉰은 독특해요. 전통을, 그 어마어마한 습속을 철저히 부정했지만 그 부정 속에는 자신도 있어요. 그래서 루쉰에게는 현실과 열망 사이의 팽팽한 긴장, 희망과 희망의 부질없음과 그 희망의 부질없음조차 근거 없다는, 그런 실존의 분투가 있어요. 주안과 쉬광핑 두 여자와의 이중적 결혼생활조차 그런 맥락에서 봐야 하지 않을까요? 전 비슷한 시대에 비슷한 문제에 직면했던 수많은 동아시아 청년들 중에 루쉰과 같은 사람은 없었다고 봐요. 최소한 우리나라 근대 남성들 중엔 없어요. 여자들은 좀 달라요. 여자들은 이상과 현실 사이에서 존재가 찢어지는 경험을 하죠. 비극적으로 생을 마치고요. 대표적인 신여성이었던 윤심덕, 나혜석, 김일엽, 김명순 같은 여성들이 그랬죠. 윤심덕은 우리나라 최초의 여성 국비 유학생, 최초의 여류 소프라노 성악가였어요. 생계 때문에 대중가수로 전향해서는 당대 최대 레코드 판매량을 보유했었고요. 이후 이바노비치의 「다뉴브 강의 잔물결」이라는 곡에 "광막한 광야를 달리는 인생아~"라고 시작하는 가사를 직접 붙인 「사의 찬미」라는 노래를 부르기도 했지요. 그런데 그녀는 귀국 직후 독창회 때부터 온갖 가십에 시달리다가 결국 김우진이라는 신청년, 하지만 유부남이었던 남자와 사랑에 빠져 현해탄에 몸을 던지죠.

나혜석은 우리나라 최초의 서양화가예요. 그녀가 쓴 『경희』라는 단편소설이 있는데 그게 이광수의 『무정』보다 1년 앞서 쓰여진 글이에요. 그래서 일부 연구자들은 『무정』이 아니라 『경희』라는 소설이 한국 최초의 근대소설이라고 이야기하기도 하지요. 어쨌든 그녀는 결혼생활 도중 만난 최린이라는, 천도교의 거두이자 3·1운동 민족대표 33인 중의 하나였던 남자와 사랑에 빠져요. 그리고 남편과 시댁으로부터 이혼당하죠. 한마디로 빈손으로 쫓겨났는데, 그 후 「이혼고백장」이라는 글을 통해 '왜 남자들은 자기들은 정조를 지키지 않으면서 여성에게만 정조를 요구하느냐', '정조는 남이 강요할 문제가 아니다', '정조는 취미 같은 것이다' 같은, 지금 들어도 전혀 올드하지 않은 주장을 펴요. 하지만 현실은 처참했죠. 나혜석은 가족으로부터도 사회로부터도 왕

따름 당해 결국 행려병자로 생을 마감해요. 그런데 그녀의 소위 '불륜'의 파트너였던 최린은 어찌되었는지 아세요? 이광수나 최남선처럼 빠르게 친일의 길로 접어들었고 8·15 해방 때까지 잘 먹고 잘살았습니다.

하지만 그녀들도 처음에는 모두 희망에 차서 '스위트 홈'을 꿈꾼 근대적 주체였어요. 제가 책 한 권을 가져왔는데요, 『신여성, 매체로 본 근대 여성 풍속사』(연구공간 수유+너머 근대매체연구팀, 한겨레신문사, 2005)라는 책이에요. 예전에 친구들하고 1920년대 대표적인 여성 잡지 『신여성』(1923년 9월에 창간해서 1934년 6월까지 근 10년 동안 발간된 월간지인데요, 중간 몇 년 정간된 적이 있어서 실제로는 약 70여 권쯤 됩니다)을 강독하는 세미나를 수년간 했고, 그 후 그걸 몇 가지 키워드로, 예를 들면 여학생, 모던걸, 소문, 대중문화, 섹슈얼리티, 모성, 직업 등으로 정리해서 강의도 하고 책으로도 낸 거예요. 그 중 모성 챕터에서 인용된 글 하나를 읽어 드릴게요. 1931년 12월에 발간된 『신여성』(5권 11호)에 실린 이성환이라는 사람의 글인데요. 제목이 「애정, 공경이 조화된 가정」이에요.

때로는 아버지가 어린아희들을 안고 어머니는 올간을 타는 일도 잇고 일요일이면 아이들의 손목을 이끌고 가까운 벌판으로 산보도 하고 때로는 집안끼리 모여 앉아 트럼프도 합니다. 그리고 매월 나오는 잡지는 밤에 어린아이들을 잠들게 해놓고 부부간에 평을 해가면서 읽습니다.(『신여성, 매체로 본 근대 여성 풍속사』, 231쪽)

뭔지 알겠지요? 신여성과 신청년이 만드는 가정은 일단 피아노가 있어야 해요. 스위트 홈의 구성요소로 진짜 중요한 게 책과 피아노 아니면 오르간이에요. 그리고 응접실이 있어야 돼요. 떠오르시죠? 어떤 건지? 응접실에 모여 앉아서 부인은 오르간을 타야 돼. 오르간을 연주하면서 가족끼리 노랠 부르고, 애가 자고 난 다음에는 부부가 최신 잡지를 읽으면서 '토크'를 하는 거예요.

이런 것이 스위트 홈인데 이때 용어로는 '원만한 가정'이에요. 이 기사는 명사의 집을 찾아가는 탐방기사였어요. 주요한 같은 문인들, 혹은 종교지도자나 학교 교사의 집을 찾아가서 인터뷰도 하고 집을 소개하기도

1920년대부터 지어지기 시작한 경성의 문화주택. 근대의 핵가족은 전통
시대의 주거와는 다른 형태의 주거공간을 요구한다. 응접실과 침실을 갖
춘 근대기 스위트 홈의 중심인 문화주택은 이후 비슷한 내부 구조를 지닌
아파트의 형태로 진화하게 된다.

하고 그러지요.

그런데 이런 종류의 이상적 가족의 모델화는 식민지 조선에만 있었던 거는 아니에요. 당대 중국에도 그런 기사가 많았는데, 루쉰의 「행복한 가정」이라는 소설은 행복한 가정을 묘사하는 게 아니라 행복한 가정 따위는 없다는 것을 일갈하는 풍자소설이에요. 이것도 좀 읽어 드릴까요? 주인공은 소설가인데 '행복한 가정'에 대한 원고를 투고해서 그걸로 돈을 벌고자 해요. 그래서 이런 식으로 궁리를 하고 있어요.

"그는 고개를 들어 천장을 쳐다보며 이 '행복한 가정'을 어디에 설치할까 궁리하고 있었다. 그는 '베이징? 아니야, 침체되어 있고, 공기조차 죽어 있어.'" 그러면서 소설 속의 주인공은 이 행복한 가정을 어디에 설치할지, 장쑤에 설치할까, 저장에 설치할까, 상하이에 설치할까를 계속 망설여요. 어디는 전쟁이 곧 터질 것 같고, 어디는 교통이 불편하고, 어디는 마적이 많고…. 어쨌든 계속 읽어 드리면 "물론 가정에는 부부 두 사람, 즉 남편과 아내가 있고, 연애결혼을 했어. 부부간에는 사십여 개조의 조약이 체결되어 있는데 아주 상세하다.

그래서 아주 평등하고 대단히 자유롭다. 게다가 고등교육을 받아서 우아하고 고상하다…. 일본 유학생은 지금 별것 아니다──그렇다면 서양 유학생으로 해두자. 남편은 항상 양복을 입고, 칼라는 늘 새하얗다. 부인은 앞머리를 늘 참새둥지처럼 보글보글하게 파마를 하고, 치아는 항상 눈처럼 하얗게 드러난다. 옷만은 중국풍으로 하자….” 그렇게 주인공이 원고를 구상하고 있는데 갑자기 밖에서 “안 돼, 그렇게는 안 돼요! 스물다섯 근!”이라는 소리가 들려요. 아내가 장작을 흥정하는 소리예요. 그러니까 현실은 피아노를 치고 벽장엔 책이 가득하고 침대는 깨끗하고 부부는 오스카 와일드를 읽거나 시를 읽고…, 뭐 이런 게 아니라 장작을 흥정하고 배추가 쌓여 있고 애는 울고…, 그런 거지요. 아주 재밌고 ‘깨는’ 소설이에요. 요즘 말로 하면 ‘현타’ 오는 거죠. 루쉰답습니다.

자, 다시 아까 『신여성』에 실려 있다는 기사의 뒷부분을 마저 읽어 드릴게요. “또 매주 토요일 날 저녁이면 집에서 밥을 짓지 않고 밖에 나가서 빗다른(색다른) 음식을 먹고 옵니다. 물론 돈 드는 정도는 아닙니다. 어쨌든 박봉을 받는 살림치고는 그 취미에 맞는 오락을 가지고 있는 점이 가정의 원만성을 담보하는 하나인 줄 압니다."

그러니까 '행복한 가정', '원만한 가정' 같은 게 판타지에 불과하다는 것을 꿰뚫어 본 루쉰은 아주 예외적 인물이었고, 대부분의 동아시아 신청년, 신여성들은 오히려 이런 행복한 가정을 꿈꾼 거예요. 이런 사람들이 이제는 99칸 기와집이 아니라 부부방과 아동실과 응접실이 있는 문화주택에서 살고 싶어했고요. 이것이 완성된 것이 우리나라의 60년대입니다.

스위트 홈 ─ 잔혹동화

최근에 봉준호 감독의 「기생충」이 핫합니다. 그런데 봉준호 감독의 「기생충」은 뭘 오마주했다고 해요? 김기영 감독의 「하녀」를 오마주했다고 이야기하거든요. 이게 1960년 작품이에요. 김기영 감독은 「하녀」, 「충녀」, 「화녀」, 이런 '-녀' 시리즈를 계속 냈는데 이게 참 상징적이에요. 혹시 영화「하녀」보신 분? 남자주인공은 김진규라고 하는 멋진 배우예요.「충녀」의 주인공은 남궁원, 그리고「충녀」의 여자주인공이 바로 윤여정이잖아요. 윤여정의 데뷔작이「충녀」예요.

하여간,「하녀」로 돌아가면 남자주인공은 음악 선생이에요. 신기한 것이, 남자들이 김기영 영화에서는 생활력이 강하게 나오지 않아요. 한참 후지만 김기영 영화 중에「육식동물」(1985)이라는 게 있거든요. 그「육식동물」에 보면 남자가 애기처럼 신생아 모자를 쓰고 젖병을 빨고 있거든요. 그게 이번에「기생충」에 똑같이 오마주됐어요, 아시죠?「기생충」의 그 장면은 그걸 완벽하게 갖고 온 장면이거든요. 그리고「하녀」의 안주인은 뭘 하냐면 미싱을 박아요. 집에서 부업을 해요. 그러니까 제도적으로 완성됐다는 게 이런 거예요. 앞에서 말한 스위트 홈, 오르간을 연주하고 같이 책을 읽고 이런 거는 진짜 판타지잖아요. 도대체 돈 버는 사람은 아무도 없고, 이렇게 살려면 돈이 얼마나 드는지, 이런 얘기는 아무것도 없어요. 하지만「충녀」에서는 여자가 양계를 해요.「하녀」에선 미싱을 돌리고. 이 여자가 그렇게 부업을 해서 뭘 하냐면, 이층집을 지어요. 「기생충」의 계단 시퀀스가 「하녀」의 시퀀스하고 완전 똑같거든요. 이층집이 곧 완성이 돼요. 그럼 그땐 누가 필요해? 식모가 필요해요.

자, 아까 '파밀리아'의 어원 '파물루스'의 뜻이 하인이라고 했잖아요. 집안을 꾸려 나가려면 하녀, 하인, 식모가 필요해요. 그런데 근대 핵가족은 굉장히 배타적인 곳이잖아요. 문화주택의 핵심은 인터머시(intimacy)예요. '친밀성', 혹은 '내밀성'이라고 번역되는 건데, 이건 사생활하고 같이 오는 거예요. 자, 부부 침실은 집 중 가장 구석에 있어야 돼요. 여긴 다른 사람이 들어오면 안 돼요. 예전엔 가족이 정서적 단위가 아니었어요, 사회적 안전망이었지. 그런데 핵가족이 되려면요, 핵가족의 필요 요건 중 하나가 인터머시예요. 이런 내밀성이 있어야 해요. 그리고 이 내밀성은 제일 처음에 어디로부터 와요? 연애로부터 온단 말이에요. 자유연애. 자유연애는 뭐예요? 이건 '파토스'잖아요. '내 눈에 콩깍지가 씌었어, 너밖에 안 보여, 신분, 가문 이런 거 필요 없어.' 이런 거죠. 그래서 근대 드라마—멜로 드라마라는 장르의 특성 중 하나는 반드시 혼사 장애가 있어야 한다

김기영 감독의 「육식동물」 중 한 장면. 무기력한 남성성을 상징하는
이 장면은 봉준호 감독의 「기생충」에서도 그대로 재연된다.

는 겁니다. 물 뿌리는 사람이 있어야 한다는 거예요. 그게 없으면 근대의 멜로라는 장르가 성립하지가 않아요, 장르적으로. 회장님이 됐든, 시어머니가 됐든, 물을 뿌리거나 돈봉투 던지는 사람이 있어야 해요. 이게 멜로의 특징이에요. 왜냐하면 자유연애를 가로막는 장애물이 있어야 그 모든 걸 벗어난 순수한, 낭만적 사랑이 되는 거잖아요. 이런 걸로 인터머시가 만들어져야 해요.

그러면, 막 중산층 핵가족으로 도약하려고 하는 가정을 배경으로 하는 김기영의 「하녀」 속 식모는 어떻게 되어야 할까요? 이 식모는 핵가족이 완성되기 위해서는 배제되어야 하는 존재예요. 그런데 영화 속에서는 남자가 식모의 유혹에 빠져 불륜을 저지르고, 그 불륜을 덮기 위해 계속해서 사건이 일어나는 걸로 나와요. 이런 가운데 남편과 식모의 불륜을 알게 된 안주인 여자는 막 미치려고 하고, 그 와중에 아들이 계단에서 떨어져 죽고, 이런 문제들이 벌어져요. 그런데 재미있는 건 뭐냐면요, 이 안주인이 아들이 죽었을 때조차도 경찰에 신고를 안 해요. 죽은 아들이 신고한다고 살아나겠냐고 하면서. 이 식모가 어느 순간부터 자기 남편을 빼앗아서 여

영화 「하녀」 중에서

김기영 감독의 「하녀」의 시작 장면. 전형적인 핵가족이 단란한 한때
를 보내고 있다. 하지만 이 평화는 '하녀'의 침입으로 인해 곧 산산히
부서지고 만다.

보라고 부르고 자기하고만 자자고 그러는데도 이 안주인이 그걸 계속해서 버려요. 감내를 해요. 왜 그럴까요? 스위트 홈을 완성하고 싶은 거예요. 이 집을 지키고 싶은 겁니다. 나중에는 파국으로 가서 이 식모하고 주인집 남자가 같이 자살을 하죠. 마지막 시퀀스는 같이 쥐약을 마시고 남자가 아내 곁에서 죽겠다고 계단을 내려 오는데, 식모가 그걸 붙잡으면서 머리가 계단에 쿵, 쿵, 쿵, 이렇게 부딪치는 장면이 있어요. 이게 아주 유명한 장면이에요. 2008년에 칸 영화제에서 「하녀」 복원판이 공개되면서 이 장면이 굉장한 관심을 받았어요. 그게 이번에 「기생충」에서는 지하의 남자가 머리로 모스부호를 치는 걸로 변주가 되는 건데, 결국 파국으로 끝나는 것이죠.

핵가족의 완성은 그 이면에 그런 배제와 파국을 갖고 있었던 거예요. 어떻게 보면, 자연스럽게 우리는 가족이란 것을 낭만적으로, 진화론적으로 생각하잖아요. 가문에 의해서 결합하는 게 아니고 낭만적 사랑에 기초해서 두 사람의 자유의지에 의해 결혼해서 아이를 낳아서 키우는 것을 진보라고 생각을 했죠. 마르크스가 그런 이야기를 했거든요. '피의 오물을 뒤집어쓰고 화폐

영화「하녀」중에서

함께 쥐약을 마셨지만, 죽음의 순간 아내의 곁으로 가겠다는 남자와
그를 붙잡는 하녀. 이때 계단에 머리를 부딪치는 장면이 매우 유명하
다. 이 계단의 상징과 머리를 부딪치는 장면 역시「기생충」에서 변주
되어 사용되고 있다.

와 자본이 탄생했다'고. 근대 핵가족도, 마르크스의 말을 패러디하면, 한때는 가정을 경영했던 내부이자 외부자들, 이 사람들을 배제하고, 이 사람들의 피를 묻혀 가면서 탄생한 거예요. 「하녀」에서 진짜 최후의 승리자는 '집'이죠, 그 이층집. 우리가 지금 아파트를 위해서 목숨 거는 것하고 다르지가 않아요.

탈산업 사회, 회사-가족-학교 3각 동맹의 해체

서양에서는 이 근대 핵가족이 17~18세기에 만들어져요. 필립 아리에스(Philippe Ariès)라고 하는 사람이 쓴 『아동의 탄생』이라는 책이 있어요. 한국판 번역본의 제목이고 원제는 『앙시앵 레짐기의 아동과 가족의 삶』(L'enfant et la vie familiale sous l'ancien regime)이에요. 정확히 말하면 앙시앵 레짐이라고 불리는 프랑스 17, 18세기의 가족에 관한 연구물입니다. 아리에스의 문제의식이 뭐냐면, 종래에는 18세기 이후 자유주의적 개인주의의 발달이 가족제도의 약화를 가져왔다고 이야기

되었다는 거예요. 개인이 등장하면서 남편도 아버지도 권위를 잃고, 이혼은 증가하고 그렇게 되었다고요. 그런데 진짜 그런 통념이 맞냐고 질문하는 거예요. 결론을 먼저 이야기하면 자유주의 시대, 산업화 시대에 가족은 약화되지 않았고 오히려 가족은 인간의 삶에서 가장 중요한 것으로 떠올랐다, 가족의식도 바로 이 산업화시대의 산물이다, 이런 내용이 담겨 있어요.

그 책은 아동으로부터 출발하는데 무엇보다 중세에서는 아동에 대한 특별한 감정이 존재하지 않았다고 해요. 몽테뉴 같은 대철학자도 "나는 아직 젖먹이였던 아이 두세 명을 잃었지. 회한이 없는 것은 아니지만 크게 슬프지는 않아"라고 말했으니까요. 심지어 몽테뉴는 자기 아이가 정확히 몇 명인지조차 몰랐다고 해요. 많이 낳고, 낳자마자 수많은 아이들이 죽어 갔으니까, 그런 중세에 아이들에 대한 특별한 감정이 존재하지 않았다는 것은 어찌 보면 당연한 일인 거죠. 그런데 어느 순간부터 아동에 대한 특별한 주의가 생겨나요. 아동에 관한 주목할 만한 시선이라고나 할까. 뭐 그런 게 등장하죠. 회화에서 아동이 독자적으로 그려지고, 귀엽고 천진난

만하게 표현되고, 아이의 죽음은 특별한 상실로 여겨지고. 그러면서 중세에는 없었던 아동을 위한 옷, 장난감, 책 같은 게 생겨나요. 그리고 이런 순진한 아이들을 타락한 어른들의 세속적 삶에서 보호해야 한다는 의식이 생겨나게 돼요.

여기에 대응하기 위해 출현한 것이 학교예요. 예전에 학교는 성직자가 되려는 사람들만 가려는 일종의 직업학교였는데 17, 18세기에 오면서 보편적인 것이 되는 거죠. 그 학교도 처음 형태는 기숙학교였어요. 왜 기숙학교냐면 신흥 부르주아들이 너무나 귀한 자기 자식을 이 기숙학교에 넣어서 거리의 타락으로부터 보호하려 한 거죠. 그러면서 학년이 생기고 학급이 생기고 규율이 강화되고 시간표가 생기고…. 이렇게 우리한테 익숙한 지금의 학교제도가 완성됩니다. 한마디로 아동에 대한 특별한 감정으로부터 가족의식이 생겨나고 이것에 대응하는 제도로 근대 학교가 만들어지는 거죠. 가정과 학교는 쌍생아예요. 아리에스의 결론은 근대에서 승리한 것은 개인이 아니라 가족이라는 겁니다.

그런데 앞에서도 이야기했지만 이런 가족의식은 가

족경제와 분리할 수 없어요. 무슨 말이냐면 가장이 임노동을 통해 가족임금을 받아야 부인이 집에서 살림을 하고 아이는 학교에 갈 수가 있다는 거죠. 이게 잘 되면 가족의식이 강화되죠. '된장찌개 보글보글한 식탁에서 알콩달콩'이 가능한 거예요. 최소한 걸으로라도. 아니 반대로 말할 수도 있어요. 가족경제를 잘 돌아가게 하기 위해 가족주의가 강화된다고. "아빠, 힘내세요, 우리가 있잖아요!" 이런 노래가 그런 거죠.

그런데 가정-학교-회사, 이렇게 근대국가 혹은 산업사회를 지탱하는 세 축이 선순환을 하던 시기가 끝났어요. 탈산업화 시대란 임노동을 통한 가족임금을 받을 수 없는 시대라는 뜻이에요. 된장찌개 보글보글도 더 이상 불가능하고 "아빠, 힘내세요"라고 아무리 노래를 불러도 아빠는 회사에서 잘려요. 이런 상황에서는 가족주의가 낙후된 것이라는 것을, 아무리 그리워도 이미 흘러간 옛 노래라는 것을 인식하는 게 중요해요. 아직도 핵가족에 미련이 있다면 마치 주식투자에 막차를 탄 것처럼 백전백패하게 됩니다. 세상은 이미 바뀌었습니다. 가족에 대한 질문을 바꿔야 해요.

IMF와 가족의 위기

제가 이것을 뼈아프게 실감했던 적이 있어요. 제가 한때 교육 강의를 엄청 다녔었는데요, 주로 이반 일리치(Ivan Illich)의 『학교 없는 사회』(Deschooling Society)를 강의 했어요. 그리고 그때마다 앞에 이야기 한 아리에스의 『아동의 탄생』 논의를 덧붙였어요. 그러면서 근대에 와 서 어린이는 학교에 갇혔고, 사랑이라는 이름하에 핵가 족에 포획되었다고 비판했죠. 강의 말미에는 늘 "의심 하라, 의심하라, 너의 사랑을 의심하라"라는 아리에스 의 글을 인용했죠. 근대 핵가족에 대해 질문하지 않고는 근대 학교에 대해서도 질문하기 힘드니까요.

그런데 언젠가 지방, 그것도 농촌 지역에 가서 교육 이야기를 한 적이 있는데 진짜 놀랐어요. 일단 학부모들 이 낮에 못 모이더라고요. 일해야 하니까. 도시에서 학 부모 강의는 대체로 오전 10시거든요. 그리고 오신 학 부모들의 연령층도 아주 다양했어요. 나중에 들어 보니 농촌에는 조손가족이나 한 부모 가족도 많고, 그러니까 부모가 이혼했다거나 아니면 둘 중 한 명이 집을 나간

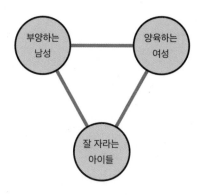

거죠. 또 반 이상이 다문화가족이래요. 스위트 홈 자체가 없고, 대학입시 자체가 관심이 아닌데 거기 가서 저는 교육강의를 하면서 대학입시교육 비판하고 가족주의 비판하고…. 그런 어이없는 짓을 한 거죠. 한마디로 4인 핵가족은 도시의 중산층만 아직 유지하고 있는 가족형태인지도 몰라요. 그리고 실제 1인 가구도 엄청 늘고 있잖아요? 청년들이 결혼을 잘 못하니까. 그래서 아파트 신화도 깨지고 있는 것 같아요.

알다시피 1920년대의 문화주택, 1960년대 영화「하녀」에 나오는 이층양옥집이 1970년대부터는 아파트에 대한 욕망으로 바뀌어요. 대한민국은 '아파트공화국'이라는 말도 있는 것처럼 아파트는 한국 가족주의의 아주 특이한 물질적 재현물이죠. 연구자들은 이런 한국 특유의 아파트 사회가 개인의 욕망과 국가의 주택정책, 기업의 이윤추구 이렇게 3박자의 합이라고 말하죠. 어쨌든 한국사회에서 핵가족의 완성은 방 3~4개, 거실과 부엌, 그리고 화장실 1~2개의 아파트를 소유하는 거예요. 그런데 이제 이 아파트 신화도 깨지고 있다잖아요? 여전히 서울이나 수도권은 아파트가 강세이지만 지방으로 가면 분양이 안 되어서 텅 비어 있는 아파트들도 많다고 하더라고요.

그리고 제가 정말 놀란 건 소위 도시형 생활주택이라는 거예요. 딸애가 대학에 입학하면서부터 자취를 했기 때문에 제가 원룸, 투룸 이런 데를 많이 보러 다녔는데 정말, 와, 이게 집인가, 이런 생각이 들었어요. 단독주택을 헐어서 지은 빌라들인데 사람이 산다는 걸 고려하지 않는 것 같더라고요. 가능한 최대의 원룸을 뽑자, 그런 목표로 만든 집. 창고도 베란다도 수납공간도 없더라고요. 그리고 부엌도 아주 변변치가 않아요. 그리고

"

탈산업화 시대란 임노동을 통한 가족 임금을 받을 수 없는 시대라는 뜻이에요. 된장찌개 보글보글도 더 이상 불가능하고 "아빠, 힘내세요"라고 아무리 노래를 불러도 아빠는 회사에서 잘려요. 이런 상황에서는 가족주의가 낙후된 것이라는 것을, 아무리 그리워도 이미 흘러간 옛 노래라는 것을 인식하는 게 중요해요.

싱크대를 열어 보니 즉석밥이 주루룩. 같이 다닌 부동산 청년들이 그러더라고요. 누가 요즘 밥을 해먹냐고, 그게 돈이 더 많이 든다고. 한마디로 가족형태도 바뀌고 주거형태도 바뀌었어요. 이미 1인 가구가 2인 가구를 추월해서 우리나라의 가장 주된 가구 유형이 되었어요. 혼자 사는 사람들이 엄청 늘었다는 거죠. 이런 상태에서 가족주의를 비판하는 것도 낙후된 이야기고, 집밥의 중요성을 말하는 것도 공허한 이야기죠.

뿐만 아니라 이 핵가족이 가졌던 가족주의가 무너지면서 돌봄 기능도 없어지고 있어요. 자기 자식이라고 해서 돌보지 않아요. 저는 전에는 가족주의가 진짜 완강하다, 이건 정말 천하무적이다, 라고 생각했어요. 그래서 "모성은 타고나는 게 아니다, 만들어진 신화다", 이런 이야기를 엄청 계몽적으로 하고 다녔어요. 지금 보니까, 모성은 만들어진 신화라는 이야기를 할 필요가 없었어요. 그렇잖아요, 지금. 이미 '내 자식이니까 내가 돌본다' 이런 사회적 압력이나 가족관이 통하지 않아요.

미혼모가 아이를 버린다거나, 젊은 부부가 게임을 하느라 아기를 방치한다거나, 이혼을 하면서 아이를 서로 떠넘기려고 한다거나, 심지어 친모, 친부가 아동학대를 한다거나 자녀를 성폭행한다거나 하는 이야기가 너무 자주 사회적 이슈로 등장하고 있잖아요. 한마디로 가족의 해체, 가족의 위기죠.

그럼 이 문제를 어떻게 해결할 수 있을까요? 휴머니즘을 호소해서? 가족의 전통적 가치를 강조해서? 척 봐도 아닐 것 같죠? 맞아요, 그런 상태로는 문제가 전혀 해결되지 않아요. 그런데도 정부는 건강가정기본법이라든가 건강가정지원센터 같은 것을 만들어서 문제를 미봉하려고 하죠. '건강가정'이라는 말 자체가 너무 이상하지 않나요? 그게 미국의 'health family' 개념을 번역한 건데, 어쨌든 저로서는 20, 30년대의 '원만한 가정', '행복한 가정'이 떠오르는 개념입니다. 한마디로 너무너무 '올드'해요.

이미 근대 핵가족은 더 이상 존립하기 어려울 정도로 사회가 바뀌었습니다. 문제는 근대 핵가족이 무너지고 있는 게 아니라 다른 곳으로 '이행'하지 못하는 데 있어요. 특히 IMF가 우리에게는 치명적이었죠. 좀 더 이야기를 해보죠.

핵가족은 주로 이성애 가족이잖아요. 서구의 경우에는 이미 탈산업사회로 진입하면서 이성애 가족이 무너지고, 동성애 가족에 대한 담론이라든가 기존의 가족에서 돌봄을 받지 못하는 노인이나 아이에 대한 사회적 안전망 같은 것들을 만들어 온 게 있어요. 우리는 IMF 때 확 무너졌잖아요. 확 무너지면서 가족의 형태가 굉장히 빠르게 변화합니다. 너무 빠르다 보니까 새로운 담론이 만들어지기도 전에 위기가 온 거죠. 핵가족의 위기는 가족의 형태가 바뀌는 데 있는 게 아니라 가족의 형태는 바뀌는데 이걸 따라가지 못하는 담론적 지체 때문이 아닐까? 저는 그렇게 생각해요. 지금 담론적 지체가 너무 심해요. 그러다 보니까 우리가 여전히 옛날 방식으로 "문제는 가부장제야! 남자들이 문제야!" 이렇게 얘기하면 남자들이 미치고 팔짝 뛰는 거지. 이제 젠더 전쟁이잖아요. 핵가족이 무너지면서는 남자도 고통받고 여자도 고통받고 다 고통받고 있거든요. 그런데 전형적인 페미니즘 담론으로 "가족은 해체돼야 돼. 이 가족은 가부장제고 이 가부장제의 주범은 남성이야", 이렇게 이야기하면 나는 대부분의 남성들이 동의하지 못할 것이라고 생각해요.

　가족형태, 주거형태의 변화, 모성의 변화뿐만 아니라 부부관계, 낭만적 연애에 기초한 내밀한 사랑이라는 신화도 더 이상 작동 안 해요. 2008년에 월간 『SPACE(공간)』에서 변화하는 시대의 새로운 주거라는 주제를 가지고 세미나를 했어요. 가족의 변화에 대해서 누군가 이야기를 해줬으면 좋겠다고 해서 제가 가서 「탈근대사회, 가족의 해체와 진화」라는 제목으로 한국 가족의 자화상에 대해서 발표를 했어요. 어떤 내용이 있었냐면, 이때가 2008년이라고 했죠? 이때만 해도 정규직이 훨씬 더 많았는데, 통계적으로 '(기혼) 직장인 80%가 애인이 있다', 이런 게 있었어요. 이때 일본에서는 어떤 일이 벌어졌냐면, '오피스 와이프'가 등장을 한 거예요. 애들 다 키워 놓고 나면 정서적 결속이 많이 사라지게 되잖아요. 부부 사이에 이제 뭐가 없는 거죠. 정서적 연대가 점점 사라지고 있을 때, 남자들이 뭔가 정서적 위안을 받기 위해 직장에서 파트너를 만나는 거죠. 일종의 부부놀이 같은 거예요. 지금은 그런 게 리얼리티 예능으로 나오잖아요. 일본 같은 경우는 술집에서도 마담

이 하는 역할이 오피스 와이프 같은 거래요. 그러니까 실제로 섹슈얼리티를 제공하는 역할이 아니라 정서적 교류를 해주고 돈을 받는 거지요. 가족에서 해야 하는 걸 못하니까 그런 식의 관계랄까, 역할 같은 것이 굉장히 많이 늘어나고 있는 거죠.

그리고 우리나라도 불륜도 많고 이혼율도 엄청 높아요. OECD 국가 중 1위예요. 그런데 우리나라 이혼율이 높은 이유 아세요? 결혼율이 높기 때문이에요. 이게 농담이 아니라요, 우리나라는 유교와 핵가족주의가 이상하게 결합하면서 결혼에 대한 압력이 너무 높았던 거예요. 그래서 너무 많은 사람들이 결혼을 합니다. 결혼이 선택이 아니라 필수가 돼서 엄청 많은 사람들이 결혼을 했는데, 한 30~40년이 지나니까, 세상이 바뀌잖아요. 여자들이 더 이상 참고 살지 않아요. 그냥 한 번 힘들여서 이혼하고 말지…. 그래서 인구 1천 명당 이혼 건수를 따지는 이혼율 자체가 높은 거예요. 그리고 이제 우리나라에서도 황혼이혼이 나날이 늘어나죠.

부부관계에만 변화가 생긴 게 아니죠. 아까 말씀드린 제가 발표한 글에 보면 2008년 5월 3일자 『한겨레』

"

핵가족은 주로 이성애 가족이잖아요.
서구의 경우에는 이미 탈산업사회로
진입하면서 이성애 가족이 무너지고,
동성애 가족에 대한 담론이라든가 기
존의 가족에서 돌봄을 받지 못하는 노
인이나 아이에 대한 사회적 안전망 같
은 것들을 만들어 온 게 있어요. 우리
는 IMF 때 확 무너졌잖아요. 확 무너
지면서 가족의 형태가 굉장히 빠르게
변화합니다.

기사를 인용했어요. 기사 제목이 「이기적인 딸에게 상처받은 엄마의 글」이에요. 두둑한 학원비를 내밀며 "엄마는 입고 싶은 옷 못 입고, 너 잘되라고 이렇게 투자하는 거야"라고 하는 엄마에게 딸이 싸늘하게 말합니다. "엄마, 그건 다른 엄마들도 다 하는 일이야. 엄마 하고 싶지 않으면 하지 마. 내가 강요하는 거 아니잖아." 여기서 끝나지 않아요. "집에서 노는 엄마는 엄마밖에 없어." 이게 2008년의 일이에요. 요즘도 버스 같은 데서 교복 입은 여자 아이들이 거의 입에 담을 수도 없는 쌍욕으로 누군가를 욕하는데, 가만히 듣다 보면 자기 엄마 욕이고 그렇죠.

지금이 2020년이에요. 이 10여 년 사이에 얼마나 많은 일들이 있었겠어요. 이렇게 가족이 해체되는 일들이 막 벌어지고 있어요. 이미 다 형태적으로 산산조각이 나거나, 형태적으로 산산조각이 나지 않아도 내부적으로 엄청나게 많은 것을 겪었다고요. 왜냐하면 핵가족이 경제적 안전장치가 되기 위해서는 부양하는 남성과 아이를 양육하는 여성, 그리고 아버지가 벌어 오는 돈과 어머니의 정서적 보살핌을 통해서 잘 자라는 아이라는 삼각형이 완성돼야 해요. 그런데 IMF 이후에 부양하는 아버지가 사라진 거잖아요. 물적 토대의 붕괴로부터 위기가 오는 거지요.

魯迅 4부

청년과 새로운 네트워크

가족의 위기 어쩌면 연애의 위기

2010년 저희 문탁 인문학축제의 주제가 '가족을 흔들어라'였는데, 그때 저희가 대학생들을 대상으로 설문조사를 했어요. 서울 소재 4년제 대학 사범대 여학생들한테 설문조사를 했어요. 사범대는 취직 가능성이 높은 데잖아요. 그런데 이 친구들의 80%는 할 수만 있다면 전업주부를 하겠대요. 이건 2010년도 조사예요. 근데 문제는 남학생들의 90%는 전부 다 맞벌이를 하고 싶대요. 이런 미스매치가 어디 있어요? 지금은요, 이미 낭만적 사랑으로 젊은 사람들이 연애를 하지 않아요. 워낙에 먹고살기 힘드니까. 일단 낭만적 사랑도 인간의 자연스러운 감정이 아닌 거죠. 특정한 시대의 남자와 여자가 만나는 역사적 방식이었던 거예요. 저희 때는 '전업주부로 살지 않을래', 이렇게 이야기했지만, 지금 학생들은 할 수만 있으면 전업주부를 하겠다는 거예요. 왜 그러냐면, 일자리를 구할 기회도 너무 줄고, 일자리를 구해도 너무 질이 안 좋은 거죠. 그러니 할 수만 있다면 집에서 아이를 키우겠다는 거예요. 근데 남자들도 똑같죠. 혼자 벌어서 어떻게 살아요.

또, 1920년대에 이미 거쳤는데도, 우리 때, 1970년대에 혼전순결담론 이런 게 엄청 뜨거웠어요. 그래서 진보적인 여성들은 그걸 깨는 게 또 과제였어요. "뭐 혼전순결? 이런 말도 안 되는 이데올로기!" 그래서 남자들하고 막 싸우고 그랬잖아요. 그런데 지금 누가 혼전순결을 지켜요? 그리고 혼전순결을 지키면 또 어떻게 하겠어요? 결혼을 이렇게 못하는데. 진짜 젊은 사람들이 어떻게 살겠냐고요. 말도 안 되는 거죠.

앞에서 현실과 담론의 격차, 일종의 담론 지체에 대해 말했었는데, 이 담론 지체 때문에 윤리적 공백이 생겨요. 어떻게 보면 가족이 깨지고, 학교가 깨지면서 한편으로 국가의 역할이 약화됐어요. 그러면 이제는 이 모든 역할을 누가 담당하느냐, 시장이 하고 있어요. 그동안은 어떤 형태로든 핵가족이 정서의 기능과 경제적 안전망 기능을 담당해 왔잖아요. 그런데 지금은 핵가족이 작동을 안 해요. 그러면서 벌어지는 위기 중 하나가 '돌봄노동의 위기'예요. 버려지는 아이가 너무 많거든요. 더 심각한 건 노인이에요. 요즘엔 신문에 늙음이나 죽음에 관한 연재기사, 특집기사가 많아지더라고요. 그걸 보고 저도 알게 된 건데, 일본에서는 노인문제라고 따로 부를 것도 없이, 사회문제의 90%가 고령화 때문에 발생한대요. 그게 강도든 살인이든 성폭력이든, 소위 사회면에 등장하는 사회문제의 근저에 고령화가 깔려 있다는 거예요. 저만 해도 저희 어머니를 제가 모신다고 말씀드렸죠. 저는 어떻게 해야 할까요? 로봇을 사야 할까요? 그런 AI가 대안으로 나오고는 있지만 그게 진짜 대안인지는 얘기를 더 해봐야 하죠. 이렇게 돌봄노동의 위기가 발생하고 있습니다.

또 한 가지는 연애까지를 포함한, 정서적 공동체의 기능, 이게 지금 사라졌어요. 모태솔로도 너무 많죠. 이게 돌봄노동의 위기와 함께 가는 것이, 돌봄노동에는 정말 돈이 많이 들잖아요. 애를 키우려고 해도 돈이 많이 들고, 노인을 부양하려고 해도 돈이 많이 들고, 정말 장난이 아니에요. 정서적 공동체는 아까도 이야기했지만, 이제는 돈이 없으면 연애를 하기가 어려운 세상이 됐어요. 이거는 제가 우리 아들을 보고 알았어요. 우리 아들이 3년을 취준생으로 있었는데, 대학입시 재수는 1년에

한 번씩 하는 거잖아요. 취준생은 상반기/하반기 공채가 있기 때문에 3년이면 여섯 번 떨어지는 거예요. 그리고 두 번 정도 떨어지고 나면 알게 되더라고요. 아, 이게 스펙을 쌓는다고 되는 게 아니구나. 수능은 공부를 열심히 하면 돼요. 그런데 취업은 수요와 공급의 법칙이 워낙에 다르게 발생하는 문제라 스펙을 쌓는다고 되는 게 아니에요. 저 사람이 저기에 왜 붙었는지 알 수가 없어. 그러니까 딱히 준비할 것도 없고 하릴없이 다음 시험을 기다리는 거죠. 그런데 제가 답답한 것은 취직을 못하고 있는 게 아니라 말만 한 사내 녀석이 집 밖을 안 나는 거였어요. 그래서 제가 말했죠. "너는 왜 연애도 안 하니?"라고. 취직도 못하는 불우한 청춘, 연애에서라도 위로를 받아야 하잖아요. 근데 아들 왈, 돈 없으면 연애도 못한대요. 전 그게 처음엔 이해가 안 되더라고요. 그런데 아들 설명을 듣고 보니 이해가 되었어요. 우리 때와 다르게 우리 사회가 너무 고비용사회로 바뀌었더라고요.

왜 한때 고미숙 선생님이 커피 자판기가 없어지는 것에 대해 엄청 분노하셨잖아요? 자기는 자판기 커피가 제일 맛있는데 아무데나 있어야 할 그것이 이제 아

"

현실과 담론의 격차, 일종의 담론 지체
에 대해 말했었는데, 이 담론 지체 때
문에 윤리적 공백이 생겨요. 어떻게
보면 가족이 깨지고, 학교가 깨지면서
한편으로 국가의 역할이 약화됐어요.
그러면 이제는 이 모든 역할을 누가
담당하느냐, 시장이 하고 있어요.

주 희귀하게 되었다고요. 그러면서 자판기 커피를 마시러 충무로역 근처까지 내려간다 하더라고요. 그런데 커피 자판기는 없어지면서 한 집 건너 새로운 커피점은 계속 생기지 않나요? 아주 커피 왕국이에요, 한국이. 물론 한국 사람이 커피를 좋아한다, 이렇게 말할 수도 있겠지만, 꼭 수요 때문에 공급이 생기는 걸까요? 제가 데이터는 없지만 오히려 공급이 수요를 촉발하는 것일 수도 있어요. 다른 말로 하면 고용절벽의 시대에 사람들은, 그게 청년이든 명퇴자든 소자본으로 할 수 있는 자영업을 하게 된다는 거죠. 그럼 일단 가장 만만한 게 뭐겠어요? 치킨집, 커피전문점 등이에요. 그나마 약간 여유가 있으면 프랜차이즈 가맹점에 들어가죠. 경험이 없어도 어느 정도 수익이 보장되는. 그리고 이런 구조 속에는 영세한 동네 슈퍼, 밥집, 커피 자판기 같은 건 사라지게 돼요.

이런 현실에서 젊은 친구들이 연애 같은 걸 하려면, 커피 한 잔, 밥 한 끼에도 돈이 너무 많이 드는 거죠. 그런데도 제가 저희 아들한테 "연애할 때 왜 돈이 필요하니? 공원 같은 데 가면 되지", 이렇게 말하면 정말 세상 물정 모르는 사람이 되는 거죠. 심지어 저희 딸은 대학

내내 저한테 기본 용돈을 받으면서 아르바이트도 계속 했는데, 그래도 매일 자기는 삼각김밥만 먹었대요. '이 자카야'라고 하나요? 일본식 선술집? 걔는 그 아르바이트를 너무 좋아했어요. 끝나면 주인 아저씨가 맛있는 요리를 자주 줬다면서요.

이제 저는 연애할 때 왜 돈이 필요하니? 이렇게 말하면 안 된다는 것은 알겠어요. 그러면 이제 어떻게 해야 할까요? 그리고 연애를 못하는 이유가 꼭 돈 때문만은 아니에요. 남녀 청춘이 자연스럽게 모일 수 있는 자연스러운 커뮤니티가 이제 별로 존재하지 않는 것 같아요. 대학은 거의 망한 것 같고, 대학에서 동아리 활동 같은 건 스펙을 위해서가 아니면 별로 없는 것 같고, 그렇다고 다른 사회적 관계망이 있는 것 같지도 않고….

제가 얼마 전에 젊은 친구들 밥과 술을 사 주면서 집단 인터뷰를 한 적이 있어요. 요즘 세대의 연애에 대해서도 좀 들어 보려고요. 저로서는 좀 충격이었어요. 저희 시대의 미팅, 소개팅 이런 게 지금은 데이트앱으로 거의 바뀌었다면서요? 많은 청춘 남녀들이 채팅앱에서 만나 원나잇을 즐긴다고 하더라고요. 성적 욕구는 해결

해야 하니까. 그리고 이 채팅앱, 데이트앱에서도 스펙이 있어야 선택이 된다면서요? 연애가 계속 되려면 선물도 잘 줘야 하고요. 그날 모인 청춘 남녀 중에서도 주로 남자 쪽이 모태솔로가 많았는데 제가 보기엔 지극히 평범한 대한민국 청년인데 돈이나 스펙이 짱짱하지 않아서 그런지 데이트앱에서도 짝짓기가 잘 안 된다고 하더라고요. 좀 슬펐어요. 저는 비로소 왜 지금 청년들을 3포 세대 혹은 5포 세대, 심지어 7포 세대라고 부르는지 정말 이해가 되었습니다.

「아Q정전」과 정신승리법 효력상실의 순간

여기서 다시 루쉰 이야기 좀 해볼게요. 「아Q정전」(阿Q正傳) 아시죠? '정신승리법'이 등장하는. 루쉰 소설 중에 가장 유명한 소설이죠. 이미 당대에 다른 여러 나라로 번역이 되었고, 여러 편의 평론도 나왔었어요. 루쉰 스스로 자기 소설에 대해서 언급하기도 했고요. 왜냐하면 당시에도 많은 사람들이 "아Q가 누구냐?", "혹시

내가 모델이 아니냐?" 등 말이 많았거든요. 어쨌든 「아Q정전」은 당대도 그랬고 그 이후로도 많은 사람들이 계속 새롭게 읽고 새로운 해석을 내놓고 있는 작품입니다. 그런 걸 한마디로 '더 클래식', '고전'이라고 하죠!

하지만 혹시나 아직 못 읽으신 분도 있으니까 짧게 줄거리를 소개해 볼게요. 그 전에 일단 제목부터. '아Q정전'의 '아'(阿)는 사람 이름 앞에 덧붙이는 접두사예요. 누구누구 씨 정도로 생각하면 되고요, '정전'은 심청전(傳), 춘향전(傳) 할 때의 그 전(傳)이에요. 일종의 장르명인 거죠. 'Q'는 이름이 쿠웨이 정도 되는데 정확히 아는 사람이 없어 일단 'Q'라고 부르는 거예요. 그러니까 이걸 다 합치면 '아Q정전'은 'Q씨 이야기' 정도가 되는 거지요. Q씨가 소설의 주인공이에요.

아Q는 집도 없이 사당에서 살며 날품팔이로 생계를 유지하는 인물이에요. 지금 식으로 말하면 을(乙) 중의 을(乙)이죠. 그런데도 아Q는 종종 "왕년에 내가…"라고 말하는 허세 가득한 인물이었어요. 게다가 아Q는 동네 건달들한테 놀림을 받거나 맞으면 "아들놈한테 얻어맞은 것으로 치지, 요즘 세상은 돼먹지가 않았어"

라며 일종의 정신승리를 통해 자기를 위로해요. 그래서 동네 사람들 모두가 아Q의 정신승리법을 알고 더 놀리게 돼요. 그래도 아Q는 정신승리법을 포기하지 않아요. 심지어 자기가 자기에게 버려지라고 말을 하고 "나는 자기경멸의 제일인자야"라는 식으로 승리를 따내죠. 진짜 이쯤 되면 아Q는 정신승리법의 지존이죠.

이 소설은 보통 루쉰이 아Q의 정신승리법을 통해 중국 국민성의 병폐를 풍자한 소설이다, 라고 해석되어 왔어요. 그런데 왕후이(汪暉)라고, 현대 중국 신좌파의 거두라고 불리는 사람이 있는데 그 사람은 「아Q정전」에 대해 색다른 독해를 해요. 아Q의 정신승리법이 통하지 않는 순간들이 있다는 거예요. 그런데 그 순간이 사실 아Q의 생명력 넘치는 순간이고, 바로 그 순간들이야말로 혁명이 가능한 순간들이라고 보는 거죠.

그 중 하나가 「아Q정전」에서 '연애의 비극'이라고 이름이 붙여진 장에 나와요. 아Q는 혼자 사는 남자니까 당연히 성욕이 있잖아요? 젊은 비구니를 희롱하기도 하는데 그러다가 어떤 대갓집 하녀에게 대놓고 들이대죠. 원래 아Q가 정신승리법으로 자신의 족보를 대갓집으로 대놓고 스스로 삼강오륜을 엄격히 지키면서 정신 승리를 하고 있었거든요. 그런데 본능이 정신승리를 이긴 거죠. 그러다가 그 집안에서 완전 몽둥이 타작을 당해요. 그리고 순경한테 붙들려 벌금도 내고 일거리도 잃게 되지요. 왕후이는 그 순간을 아Q가 무의식적으로 반역을 감행한 순간이라고 봐요. 그리고 그 일을 계기로 동네에서 왕따를 당하면서 날품팔이 일조차 구하지 못하게 돼요. 그게 '생계의 비극'이라고 이름 붙여진 장에 묘사가 되는데 그때 뭔지 모를 감정이 아Q 내부에서 일어나요. 뭔가 억울한 기분도 들고요. 그러면서 동네를 떠나는 거지요. 그러니까 왕후이는 성욕이라거나 식욕 같은 인간의 가장 기본적인 생명의 본능이 좌절될 때 정신승리법도 효력을 상실하게 되고 비로소 아Q의 혁명이 시작될 수 있다고 보는 거죠.

물론 소설에서는 아Q의 혁명이 성공하지 못해요. 아Q는 고향을 떠나 대처에 나가서 성공하고 다시 고향으로 돌아와서 거들먹거리지만 그 성공이 도둑질로 인한 것이었다는 게 알려지면서 다시 곤경에 빠져요. 이때 신해혁명이 일어나는데 아Q는 자기도 혁명당에 가

입하려고 하지만 혁명당 입당이 거부되고, 동네 부잣집이 털리자 아Q가 범인으로 지목되어 체포되고, 아Q의 마지막 희망이었던 혁명당은 아Q에게 노예근성이라고 일갈하고 사형을 언도하지요. 마지막 순간까지 아Q는 자신이 죽게 되는지도 모르고, 더구나 왜 죽는지는 더 모르고, 군중들에게 조리돌림을 당하면서 죽게 되지요.

제가 이 이야기를 이렇게 길게 한 이유는 인간의 생명력은 본능적으로 무엇인가를 찾게 되어 있다는 거예요. 아무리 습속이 완강해도 먹는 문제나 성욕 같은 게 막히면 그 습속을 의심하게 되는 순간이 오죠. 아Q 같은 인물도 그랬다는 거예요. 소설의 그 부분을 읽어 볼게요.

> 길을 걸으며 '밥을 빌어먹'을 요량이었다. 낯익은 술집이 눈에 들어왔다. 낯익은 만터우 집도 눈에 들어왔다. 하지만 모두 지나쳤다. 잠시 멈춰 서지도 않았을 뿐더러 그럴 마음도 없었다. 그가 바라는 건 그런 것이 아니었다. 그럼 무엇이었을까? 그 자신도 알지 못했다.(『루쉰전집 2권』, 그린비, 2010, 131쪽)

아Q는 직감에 의지해서 자기도 알지 못하는 그 무엇에 마음이 쏠립니다. 하지만 끝까지 가지는 못했죠. 끝까지 가면 혁명을 하는 거고 잠시 스쳐 버리면 몰락하게 됩니다. 혹시 우리도, 이 시대의 청년들도 그런 상황에 처해 있는 건 아닐까요?

핵가족 넘기, n개의 가족

다시 앞으로 돌아가 봅시다. 지금 근대 핵가족은 위기에 처해 있지요. 하나는 돌봄노동의 위기예요. 아이를 키우기도 힘들고 노인을 돌보는 문제는 너무나 어려운 문제가 되었어요. 두번째는 정서적 문제. 연애도 못하고 결혼도 못하는 문제가 있어요. 결혼을 해도 관계가 불안정하고요. 자 어떤 길들이 있을까요?

가장 최악은 개인이든 사회든 대안을 못 갖춘 상태에서 기존 가족이 속수무책 해체되는 거겠죠. 그래서 학대받거나 버려지는 아이가 늘어나고 노인은 '틀딱충' '연금충' 같은 혐오의 대상이 되고…. 자연스러운 연애와 생명력 넘치는 에로스 대신에 성폭력, 강간 천국이 되고…. 한마디로 공생이 아니라 공망의 세상이 되는 거죠. 이런 비슷한 이야기를 앙드레 고르(André Gorz)라는 급진적 정치생태학자가 한 적이 있어요. 자본주의의 퇴조는 이미 시작되었는데 단지 문제는 그것이 어떤 형태로 어떤 속도를 띨 것인가가 문제라고. 야만적 형태가 되면 파시즘이 등장하고 대량학살, 인신매매 같은 게 일어나요. 하지만 우리는 그런 야만적 형태가 아니라 문명적 형태의 질서정연한 퇴각을 할 수도 있다고 하죠. 새로운 문명으로 연착륙하는 거예요. 전 아직도, 물론 요즘엔 자주 회의주의자가 되기도 하지만, 그래도 그걸 바라고 있어요.

두번째 길은, 다시 정상가족 이데올로기를 강화하는 거죠. 가족이 속수무책으로 해체되자 다른 한편에서 그걸 막아 보려고 애쓰는 거죠. 아까 말한 근대가족의 두 가지 위기, 돌봄의 위기와 정서적 위기 모두를 다시 가족 안으로 쑤셔넣는 거예요. 근래의 레트로 열풍, 응답하라 시리즈의 성공이 이런 걸 보여 주는 거 아닌가요? 「응답하라 1988」에서 정점을 찍었죠. 쌍문동 골목

❝❝

인간의 생명력은 본능적으로 무엇인
가를 찾게 되어 있다는 거예요. 아무
리 습속이 완강해도 먹는 문제나 성욕
같은 게 막히면 그 습속을 의심하게
되는 순간이 오죠. 아Q 같은 인물도
그랬다는 거예요.

과 슈퍼맨 아빠, 첫사랑, 사랑보다 더한 우정, 다정한 이웃…. 근데, 이건 진짜 반동적이에요. 드라마를 잘 만들어서 더 그렇습니다. 어쨌든 시계를 거꾸로 돌리려고 하니까요.

루쉰 때도 그랬어요. 한때는 모두 신중국을 건설하려던 신청년들이었지만, 여러 어려움과 실패를 경험하면서 그들 중 많은 사람들이 복고주의자로 돌아서요. 여러분 아시는지 모르겠지만 후스(胡適) 같은 사람이 대표적인 인물이죠. 루쉰은 신중국, 또 그것의 세포가 될 수 있는 신가정에 대한 판타지도 경계했지만, 복고도 엄청 싫어했어요. 쉬지 않고 그 사람들하고 싸워요. 이쯤에서 제가 좋아하는 루쉰 글 하나 읽어 드릴게요.

세상에 그래도 진정 살아가려는 사람이 있다면, 우선 용감하게 말하고, 웃고, 울고, 화내고, 욕하고, 때리면서, 이 저주스러운 곳에서 저주스러운 시대를 물리치지 않으면 안 되리라!(「문득 생각나는 것(5~6)」, 『루쉰 전집 4권』, 그린비, 2014, 72쪽)

목하 우리에게 가장 시급한 일은, 첫째는 생존하는 것
이고, 둘째는 배불리 먹고 따뜻이 입는 것이며, 셋째는
발전하는 것이다. 이러한 앞길을 가로막는 자가 있다
면, 옛것이든 지금의 것이든, 사람이든 귀신이든, 『삼
분』과 『오전』이든[옛 책의 제목], 백송과 천원이든[옛사람의
장서를 가리키는 말], 천구[아름다운 옥]와 하도[복희가 황허에서 나온
용마의 등에서 발견한 그림]이든, 금인(金人)이든 옥불(玉佛)이
든, 대대로 비전되어 온 환약이든 가루약이든, 비법으
로 만든 고약이든 단약이든, 모조리 짓밟아 버려야 한
다.(같은 글, 74쪽)

전 앞에서 말한 두 가지 방향, 그러니까 가족 해체
의 야만적 형태나 정상가족 이데올로기를 강화하는 반
동적 형태 말고 새로운 길, 제3의 길을 찾아가야 한다
고 생각해요. 좀 더 신박하고 개방적 접근이 필요한 거
죠. 그리고 이미 그런 것들은 우리 주변에 와 있어요. 우
선 이미 이성애뿐만 아니라 숱한 동성애 관계가 있잖아
요? 성관계도 하고 정서적 교류도 하고 나아가 소울 메
이트도 되는 파트너가 있는 게 중요하지 그 상대가 이성

이냐, 동성이냐가 중요하진 않잖아요? 그런데도 아직까지 우리 사회는 이걸 허용하지 못하니 참 문제예요. 진짜 후진적이죠.

그리고 최근의 영펨(Young Feminist) 진영에서는 4B를 주장하잖아요? 비연애, 비섹스, 비결혼, 비출산이요. 여성혐오가 하도 극성이니까 "남자하고 사느니 차라리 고양이랑 산다"고 한대요. 어떤 점에서는 충분히 이해가 돼요. 그런데 고양이와 사는 여성. 이거 1인 가구라고 봐야 할까요? 뭔가 두 생명체 가구…, 이런 개념이 나와야 하지 않을까요? 그리고 고양이랑 살면서 고양이랑 사는 다른 여성들과 깊은 연대와 우정의 관계를 맺는다면 이것도 기존의 가족을 대체할 수 있는 새로운 형태의 네트워크 아닐까요?

다른 관계 방식도 있어요. 혹시 '폴리아모리'라고 들어 보셨어요? '다자간 사랑'이라고 번역되는데요, 아내 하나에 남편 둘, 혹은 남편 하나에 아내 둘, 남자 하나에 여자 둘인 삼자간의 연애, 혹은 여자 하나에 남자 둘인 삼자연애…. 뭐 그런 거예요. 전 사실 이걸 『아내가 결혼했다』는 소설에서 처음 접했어요. 그리고 진짜 홀

딱 반했었어요. 스토리는 이래요. 남자주인공과 여자주인공 모두 유럽축구 덕후예요. 그래서 만나게 되었는데 남주한테 여주는 그야말로 완벽한 여성이에요. 요리도 잘하고 정리정돈, 청소의 여왕이고, 성격 좋고…. 딱 하나 불만이 사생활이 불투명하다는 거죠. 자기하고도 자는데 자기 여친이 분명 다른 남자하고도 자는 것 같은 거죠. 그래서 남주는 여주한테 계속 결혼을 졸라요. 남주는 이렇게 생각하는 거지요. 결혼이 연애의 무덤이라고? 좋다! 내가 결혼해서 여친의 모든 다른 연애를 묻어버리겠다. 하지만 여주는 당연히 결혼을 반대해요. 자기는 한 남자만 영원히 사랑할 수 없을 것 같은데 결혼하면 한 남자한테 충실해야 하는 거 아니냐고? 그래서 자기는 결혼할 수 없다고. 그래서 남자주인공은 고민하다 결단해요. 그래, 내가 결혼하려면 여친의 바람을 들어주는 수밖에 없구나, 라고요. 그래서 둘은 결혼하죠. 그리고 여주는 또 다른 남자와 사랑에 빠져 결혼도 하고 신혼여행도 다녀와요. 하지만 아주 평등하게 두 가정을 꾸려요. 신기하시죠?

그런데 제가 이 소설을 후배한테 빌려서 봤는데 그

소설 속에 후배의 메모가 곳곳에 붙어 있었어요. 이 후배는 대학에서 가족학을 가르치는 교수인데, 이 친구는 이 소설에 좀 비판적이었어요. 하나는 결혼한 채 또 결혼하는 게 결혼제도를 근본적으로 전복시키는 전략이 될 수 없다는 거고요, 또 하나는 소설 속의 여주가 너무 사랑스럽고 여성스럽게 그려져서 기존의 여성성, 혹은 남성 판타지를 재생산하는 것처럼 보인다는 거예요.

전 좀 다르게 읽었어요, 앞에서도 이야기했지만 전 진짜 재밌게 읽었어요. 왜냐면? 여주가 결혼제도 밖에서 애인을 만드는 게 아니라, 사실 이런 건 현실에서도 차고 넘치잖아요? 그리고 일부일처제와 혼외정사는 모순이 아니라 공모관계예요. 여기서 다시 길게 말할 수는 없지만. 오히려 두 번 결혼을 감행한 게 더 전복적으로 여겨졌어요. 그렇게 해서 오히려 결혼제도의 유일성이랄까, 고유성, 신성성, 이런 걸 해체했다고 보였거든요. 제가 짧은 리뷰도 썼었는데 그때 전 이렇게 말했어요. 이 두번째 결혼은 첫번째 결혼의 재현이나 복사라기보다는 일부일처제의 유일성과 신성성을 조롱하고 해체하는 그런 패러디이자 유머로서의 시뮬라크르, 라고. 좀 어렵죠? 어쨌든, 소설 속에서는 남편 둘과 아내 한 명, 그리고 아이, 이렇게 넷이 뉴질랜드로 떠나요. 집단결혼, 공동양육, 재산공유를 꿈꾸면서요. 이걸 '폴리피델리티'라고 불러요. 폴리아모리들이 꾸리는 집단가족이죠. 멋지지 않나요?

그리고 저 역시 폴리피델리티 같은 건 아니지만 비슷한 처지에 있는 친구들과 노후의 생활을 같이할 네트워크를 준비 중이에요. 일단은 싱글이나 돌싱이 중심이 되고 있지만 가족적 영토에서 탈주하겠다는 사람이 있다면, 그 누구라도 받아들일 거예요.

우리는 그렇다 치고, 청년들은 어떡하죠? 어떻게 해야 새로운 네트워크를 만들 수 있을까요? 제가 요 몇 년 청년들과 일을 하면서 느낀 건데 관계를 만드는 데 필요한 시간과 에너지를 쓰는 데 요즘 청년들이 익숙하지 않은 것 같아요. 우리 때는 친구 한 명이 실연을 당하면 몇날 며칠 수업도 제치고, 개인적인 볼일도 제치고 친구와 같이 술 먹고 같이 울어도 주고, 이야기도 들어주고, 같이 욕도 해주고 그랬는데, 요즘은 본인이 실연해도 꼬박꼬박 수업에 들어가서 출석체크를 한다면서요? 연애기간이 자꾸 짧아지는 것도, 둘 사이의 관계가 좀 꼬이면서 약간 피곤해진다 싶으면 그냥 헤어지는 것을 선택하기 때문이고요. 아닌가요?

제가 강조하고 싶은 것은 어떤 형태로든 작은 관계들이라도 엮어 나가야 한다는 거예요. 자기 시간과 에너지를 쓰면서요. 그런 연습을 자꾸 해야 해요. 그렇게 하다 보면 자연스럽게 새로운 네트워크의 형태들이 생길 거예요. 그리고 그 중 일부는 가족을 대체하게 되지 않겠어요? 제가 우리 사회 가족의 미래, 뭐 이런 걸 거창하게 제시하긴 어렵지만, 그래도 출발은 각자가 주변의 사람과 서로 엮이는 것 말고는 방법이 없다는 것은 확실히 말씀드릴 수 있을 것 같아요. 저도 여러분이 그럴 수 있게 열심히 판을 깔면서 응원해 볼게요. 강의 마치겠습니다. 감사합니다.